官板 六壬金口诀指玄

有理而后有数，数之所定，而理亦在焉。卜筮者，推见数之至隐，以示人趋避者也。其道盖存乎大易，而通其微者则寡矣。

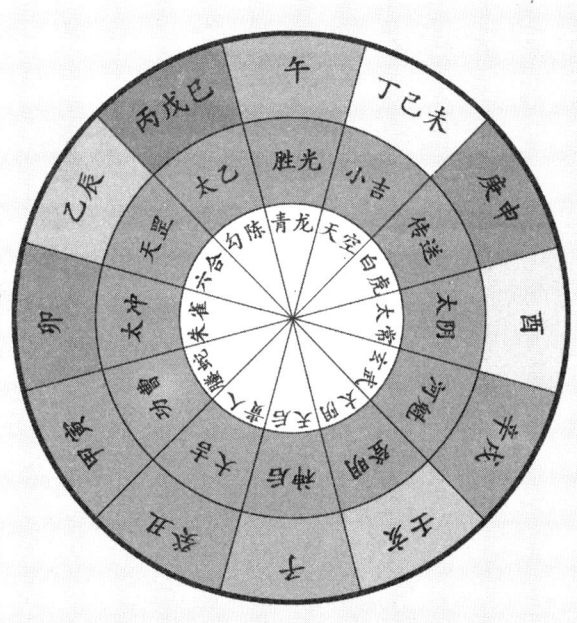

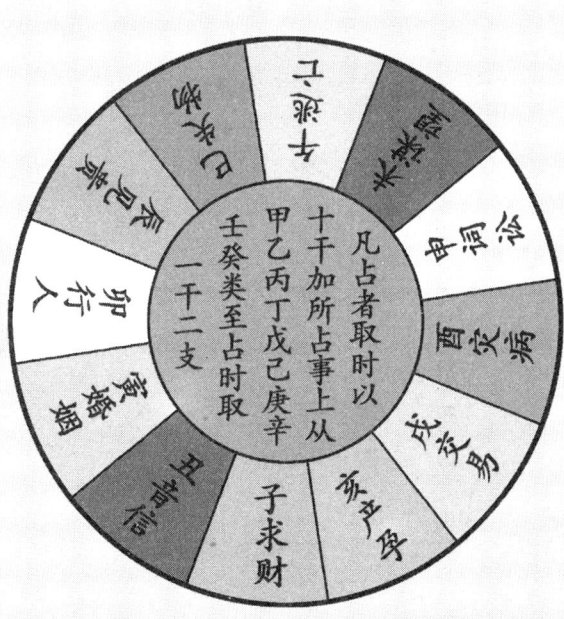

[战国] 孙膑【撰】　郑同【编校】

华龄出版社

责任编辑：李成志　张伟晶
责任印制：李未圻

图书在版编目（CIP）数据

官板六壬金口诀指玄/（战国）孙膑撰．郑同编校．
—北京：华龄出版社，2013.1

ISBN 978－7－5169－0225－7

Ⅰ.①官… Ⅱ.①孙… ②郑… Ⅲ.①阴阳五行说
Ⅳ.①B992.1

中国版本图书馆 CIP 数据核字（2012）第 272858 号

书　　名：官板六壬金口诀指玄	
作　　者：（战国）孙膑撰　郑同编校	

出版发行：华龄出版社
地　　址：北京市东城区安定门外大街甲57号　　邮　编：100011
电　　话：(010) 58122246　　　　　　　　　　传　真：(010) 84049572
网　　址：http://www.hualingpress.com

印　　刷：三河市九洲财鑫印刷有限公司
版　　次：2013年1月第1版　2024年4月第10次印刷
开　　本：720×1020　1/16　　　　　　　　　　印　张：14
字　　数：200千字　　　　　　　　　　　　　　印　数：28001～40000
定　　价：28.00元

版权所有　翻印必究
本书如有破损、缺页、装订错误，请与本社联系调换

目 录

金口诀略说 ··· 1
历史传承 ··· 1
典籍文献 ··· 3

神课金口诀卷首 ··· 1
神课金口诀序第一 ··· 1
订正六壬金口诀序第二 ·· 2
六十甲子神课金口铃序第三 ·· 3
叙大六壬金口诀神课第四 ·· 4
金口指玄序第五 ·· 5
神课金口诀起例第六 ··· 6
九宗门入手法第七 ··· 7
入式章第八 ··· 9
云霄赋第九 ·· 10
三才赋第十 ·· 12
金兰略第十一 ·· 14
玉华略第十二 ·· 15
定寿经第十三 ·· 15
光明经第十四 ·· 16
金镜歌第十五 ·· 16
玉鉴歌第十六 ·· 17
通神赋第十七 ·· 18
玉衡歌第十八 ·· 20

神课金口诀卷一 ········· 21
论十二神将法第一 ········· 21
论十二贵神法第二 ········· 21
论十二贵神旺相法第三 ········· 22
论十二位将神吉凶法第四 ········· 22
论十二位贵神吉凶法第五 ········· 22
论十二位贵神所主法第六 ········· 22
论十二位将神所临法第七 ········· 23
论十二位天官所临法第八 ········· 23
论十二位天官形貌法第九 ········· 24
论十二位天官怪形法第十 ········· 24
论十二位贵神所临玄关诀第十一 ········· 25
论十二位贵神临本位吉凶第十二 ········· 25
论十二贵神临劫煞吉凶法第十三 ········· 26
论天乙贵神治旦暮法第十四 ········· 27
贵神旦暮阴阳顺逆辨第十五 ········· 27
论天乙贵神所居法第十六 ········· 28
论天乙贵神值人元克法第十七 ········· 28
论天乙贵神所临神煞法第十八 ········· 28
论魁罡所临吉凶法第十九 ········· 28
论传送所临吉凶法第二十 ········· 29
论人元所主吉凶法第二十一 ········· 29
论人元五子日干法第二十二 ········· 30
论五行休旺吉凶法第二十三 ········· 30
论五形聚管吉凶法第二十四 ········· 30
论解五形聚管吉凶法第二十五 ········· 31
人元吉凶所主歌第二十六 ········· 33
论天干吉凶法第二十七 ········· 34
四位五行所主歌第二十八 ········· 34
三局歌第二十九 ········· 35

论飞符更年月日吉凶法第三十 ……………………………… 36
论丧门加年月日吉凶法第三十一 …………………………… 36
论天鬼加年月日吉凶法第三十二 …………………………… 36
论天罗地网加年月日吉凶法第三十三 ……………………… 36
论游都鲁都吉凶法第三十四 ………………………………… 36
论支干数目法第三十五 ……………………………………… 37
论占修造宅舍吉凶法第三十六 ……………………………… 37
论占宅内见怪去住法第三十七 ……………………………… 37
论占家中百怪法第三十八 …………………………………… 37
论人行年运灾福法第三十九 ………………………………… 38
论推小运入式法第四十 ……………………………………… 38
论小运行年灾福法第四十一 ………………………………… 39
论课见十干所主法第四十二 ………………………………… 39
论课见十二贵神法第四十三 ………………………………… 40
论四课假令法第四十四 ……………………………………… 40
论四课之内吉凶尽课法第四十五 …………………………… 43
论四位相生灾福法第四十六 ………………………………… 44

神课金口诀卷二 …………………………………………… 45

论四课内见五行法第四十七 ………………………………… 45
论占见人在家在外法第四十八 ……………………………… 46
论十二将神根由法第四十九 ………………………………… 46
五行眷属第五十 ……………………………………………… 49
五行例断第五十一 …………………………………………… 49
贵神所属第五十二 …………………………………………… 49
四象第五十三 ………………………………………………… 50
将所主第五十四 ……………………………………………… 50
贵神休旺所主第五十五 ……………………………………… 50
阴阳次第互用诀第五十六 …………………………………… 50
五动交通第五十七 …………………………………………… 51
四象所属图第五十八 ………………………………………… 53

章节	页码
三动第五十九	53
五合第六十	54
三合全身第六十一	54
虚一待用第六十二	55
三奇德秀第六十三	55
一类朝元第六十四	55
四位俱比第六十五	56
五比同类第六十六	56
干元领事第六十七	56
五行气化第六十八	57
阴阳相生第六十九	57
四位相生第七十	58
四位相克第七十一	58
四爻生克颂第七十二	58
应期合德第七十三	59
贵神休旺第七十四	60
关隔锁第七十五	60
旬中空亡第七十六	61
四大空亡第七十七	61
四绝第七十八	61
五绝第七十九	62
四败第八十	62
月建旺相第八十一	62
月破休囚第八十二	63
岁君建破第八十三	63
四象五行图第八十四	64
干支生克所主第八十五	65
五用法第八十六	65
次客法第八十七	65
金口三传第八十八	66

神课金口诀卷三 ································ 67
 论天官临十二位吉凶法第一 ················ 67
 论螣蛇临十二位吉凶法第二 ················ 67
 论朱雀临十二位吉凶法第三 ················ 68
 论六合临十二位吉凶法第四 ················ 68
 论勾陈临十二位吉凶法第五 ················ 69
 论青龙临十二位吉凶法第六 ················ 69
 论天后临十二位吉凶法第七 ················ 70
 论太阴临十二位吉凶法第八 ················ 70
 论玄武临十二位吉凶法第九 ················ 71
 论太常临十二位吉凶法第十 ················ 71
 论白虎临十二位吉凶法第十一 ·············· 72
 论天空临十二位吉凶法第十二 ·············· 72
 论功曹临十二位吉凶法第十三 ·············· 73
 论太冲临十二位吉凶法第十四 ·············· 73
 论天罡临十二位吉凶法第十五 ·············· 74
 论太乙临十二位吉凶法第十六 ·············· 74
 论胜光临十二位吉凶法第十七 ·············· 74
 论小吉临十二位吉凶法第十八 ·············· 75
 论传送临十二位吉凶法第十九 ·············· 75
 论从魁临十二位吉凶法第二十 ·············· 76
 论河魁临十二位吉凶法第二十一 ············ 76
 论登明临十二位吉凶法第二十二 ············ 77
 论神后临十二位吉凶法第二十三 ············ 77
 论大吉临十二位吉凶法第二十四 ············ 78
 十二将神所主歌第二十五 ·················· 78
 论十二将所主第二十六 ···················· 82
 论贵神休旺见五行临本位逢劫煞所主第二十七 ·· 83

神课金口诀卷四 ································ 91
 茔地门第一 ······························ 91

宅舍门第二	100
神课金口诀卷五	113
射覆门第三	113
天时门第四	117
地理门第五	118
人物门第六	120
人事门第七	124
贼寇门第八	141
鸟兽门第九	145
饮食门第十	145
神课金口诀卷六	**147**
论神课六十甲子铃第一	147
神课解入式吉凶法第二	152
论旺相死囚休法第三	159
论休旺吉凶法第四	161
合用神煞第五	164
神课金口诀六十四课例第六	170

金口诀略说

历史传承

"大六壬金口诀",相传为战国时期孙膑所创。孙膑是兵圣孙武的五代孙,曾担任齐国军师,指挥过著名的桂陵之战、马陵之战,著有《孙膑兵法》(1972年4月银雀山一号汉墓出土了失传1700多年的《孙膑兵法》汉代竹简共222枚,内容包括擒庞涓、见威王、威王问、陈忌问垒、篡卒、月战、八阵、地葆、势备、兵情、行篡、杀士、延气、官一、五教法、强兵等篇)一部,是中华民族古代战争史上一位伟大的军事家。

据《史记·孙子吴起列传第五》载:孙膑生于阿、鄄之间(今山东省阳谷县阿城镇、菏泽市鄄城县北一带),是孙武的后代,曾同庞涓一起学习兵法。庞涓后来前往魏国,成为魏惠王的将军,自认才能不及孙膑,于是诱骗孙膑来到魏国,捏造罪名迫害孙膑。孙膑被挖去膝盖骨并在脸上刺字后,被藏起来不让人见。有一次,齐国使者到魏国都城大梁来,孙膑以刑徒的身份暗中去见齐使。齐使认为孙膑是个奇才,就偷偷把他带回齐国。齐国将军田忌爱慕孙膑之才,待以贵宾之礼。

田忌赛马 田忌常与齐国诸公子赛马打赌。孙膑看到那些马的脚力相差不大,可分为上、中、下三等,于是对田忌说:"您尽管下大赌注,我能使您获胜。"田忌相信孙膑的能力,跟齐王和诸公子下了千金的赌注赛马。临比赛时,孙膑说:"现在用您的下等马同他们的上等马比赛,用您的上等马同他们的中等马比赛,再用您的中等马同他们的下等马比赛。"三个等级的马比赛完毕,田忌负一场却胜了两场,赢得了齐王的千金赌注。这样田忌又把孙膑推荐给齐威王。齐威王向孙膑请教兵法,尊他为老师。

围魏救赵 后来魏国攻打赵国,赵国形势危急,向齐国求援。齐威王想任命孙膑为将,孙膑推辞说:"受过刑罚的人不可为将。"于是任命田忌为将,孙膑为军师,乘坐在辎车上出谋划策。田忌欲带领军队去赵国解围,孙膑说:

"理顺乱丝不能硬拉硬扯,劝解打斗不能插身其间,避实击虚,方能阻遏形势,危急的局面也就自行解除。如今魏国攻打赵国,在赵国的必定是精兵强将,留在国内的则是老弱残兵。您不如率部迅速奔赴魏国都城大梁,占据交通要道,攻击魏国空虚之处,他们一定会放弃攻赵而回兵救援。这样我们既可解除赵国被围的局面,又可收到使魏军疲惫的效果。"田忌听从孙膑的意见,魏军果然撤离赵都邯郸,与齐军在桂陵交战,魏军大败。

减灶诱敌 十三年后,魏赵联军攻打韩国,韩国向齐国告急。齐国派田忌领兵援救韩国,直奔大梁。魏国大将庞涓听到这一消息,立即撤军回国,这时齐军已经越境西进。孙膑对田忌说:"魏军向来勇猛强悍,轻视齐军,齐军被称为胆怯的军队。善于用兵的人可根据形势引导战争向有利的方向发展。兵法云:行军百里去争利,必会使大将受挫;行军五十里去争利,军队只有半数能赶到。请下令齐军进入魏境后第一天筑十万灶,第二天减

为五万灶,第三天减为三万灶。"庞涓行军三日,非常高兴地说:"我就知道齐军怯弱,进入我境才三天,士卒逃亡就超过半数了。"于是丢下步兵,率领骑兵锐卒,日夜兼程追赶齐军。孙膑估计魏军行程,夜晚应赶到马陵。马陵道路狭窄,地形险隘,可以埋伏军队。于是斫下一棵大树的表皮写道:"庞涓死于此树之下!"接着命令齐军一万名神射手埋伏在马陵道两边,约定:"晚上看见燃起火把就一齐放箭。"庞涓果然夜晚来到那棵大树之下,隐约见到树干上有字,就取来火把照看。还没读完,齐军万箭齐发,魏军大乱,彼此失去联系。庞涓自知智穷兵败,于是刎颈自杀,临死前说:"竟然成就了这小子的声名!"齐军乘胜追击,彻底击溃了魏军,并俘虏了魏太子申。孙膑因此名扬天下,留有《孙膑兵法》传世。

"大六壬金口诀"一术,因相传为孙膑所创,故而又称"孙膑神课",或称"孙膑阴兵法"。我国华北地区称之为"金口诀",东北地区称之为"大金

口"，西北地区多称之为"袖中金"。六壬与太乙、奇门并称三式，而六壬其传尤古。金口诀与六壬术一脉相承，因起课快捷，张口即断，无从改移，故名之"金口"。自古民谚有云"学会金口诀，来人不用说"，可见金口诀在民间备受推崇的程度。

大六壬金口诀的理论基础根于中国古代朴素唯物论——阴阳五行学说，通过时空瞬间定位，以月将加时，于地分上传出将神、贵神，五子元遁得人元，立成四位，再以入式歌言其大象，五动爻观其大意，以格局看其事体，凭驿马、神煞定其吉凶，以空亡、月破、支干三合六合验其成败，潜心推测，无不神妙。运式之人无需纸笔，袖中掐指立成神课，断事奇验，来人惊叹，不知其用何术。

典籍文献

大六壬金口诀自古在民间秘密流传，师徒口传心授，其诗诀带有鲜明的口语特征，而其专书著录甚少。《宋史·卷二百六·志第一百五十九·艺文（五）子》所收载金口诀经籍书目中的诸如《袖中金》五卷、《玄女常手经》二卷、《灵关诀益智》二卷、《神诀》一卷、《游都璧玉经》一卷或已散佚，或为民间收藏不肯轻泄，尚待发掘整理。

现就目前金口诀世传诸版本略作介绍：

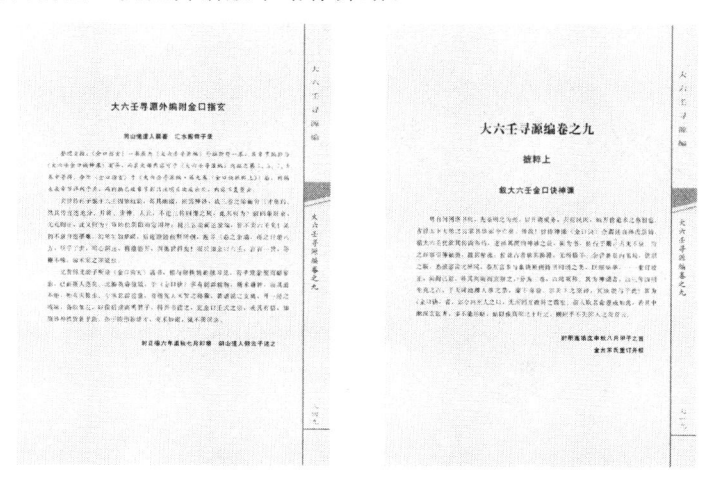

《金口指玄》　　　　　《大六壬金口诀神课》

一、《金口指玄》一书，是目前世传金口诀专著中最早的明中叶正德年间阴山道人懒云子所述传本，成书于康熙年间的《大六壬寻源编》外编，已于2012年由华龄出版社出版。

二、《大六壬金口诀神课》，明嘉靖金台宋氏重订本，收录于《大六壬寻源编》第九卷，已于2012年由华龄出版社出版。

三、《官板大六壬神课金口诀》，故宫藏本，金陵经正堂校梓，为本书整理编校时所依据的主要底本。

四、《六壬神课金口诀》，又作《校正京本六壬神课金口诀大全》，明适适子撰，清钟谷逸士熊大本校正，金谿居士周儆弦重订本。此书的转刻本最多，校勘亦属精当，清末民初多有石印本刊行，是为《金口诀》一书的通行本。承蒙王力军老师惠赠一函三册原本，已由华龄出版社于2011年影印出版。

《官板大六壬神课金口诀》

《六壬神课金口诀》

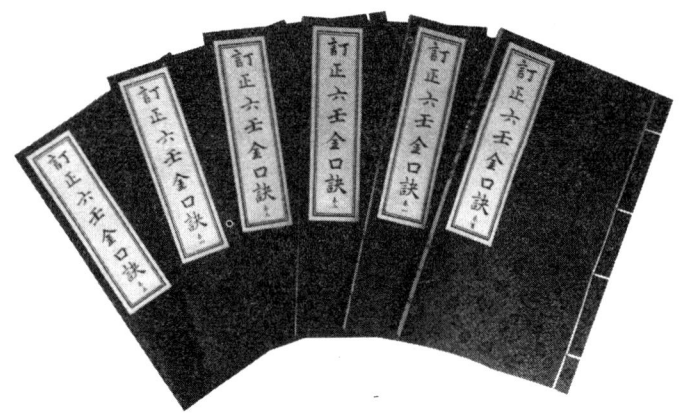

《订正六壬金口诀》

五、《订正六壬金口诀》，署孙膑撰、巫国匡辑，一函六册，已由华龄出版社于2012年影印出版。是书据乾隆丙戌本自求子藏版影印而成，是海内少有的善本。与世传本相较，多出《课铃》（图解）二卷、《广云子断案》一卷、失传诗赋若干篇，有重要的文献价值。由于未经授权，本书未能收入其《课铃》及《广云子断案》的内容。

六、《校正京本六壬神课金口诀》，清浙兰李右文重刊本，分上中下三卷。刊行具体年份未详。

七、《易诀神课》，清抄本，洞春道人杨守一精阅，清钟谷逸士熊大本校正，金谿居士周傲弦重订，韩国国家图书馆馆藏。

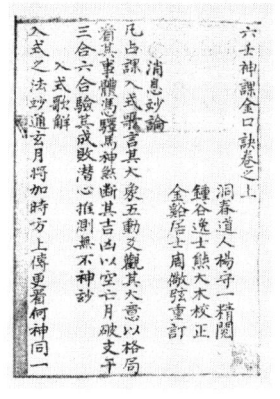 

《校正京本六壬神课金口诀》　　　《易诀神课》

八、《墨龟》，清抄本，无抄录者署名，韩国国家图书馆馆藏。

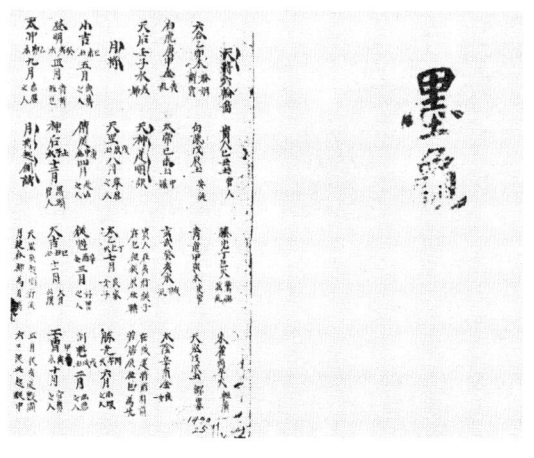

《墨龟》

九、《二垂课》，清抄本，无抄录者署名，韩国国家图书馆馆藏。

十、《金口诀上下合编》，清抄本，具体抄写年代不详，韩国国家图书馆馆藏。

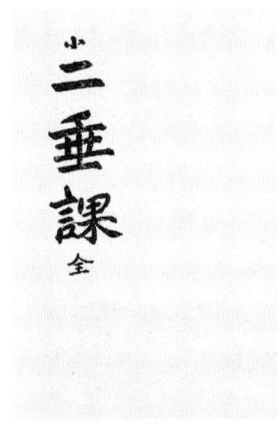
《二垂课》

《金口诀上下合编》

十一、《神课金口诀大传》，清抄本，具体抄写年代不详，韩国国家图书馆馆藏。

十二、《小占神课金口诀》，清抄本，具体抄写年代不详。单册。

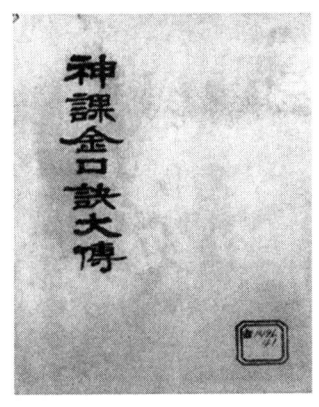
《神课金口诀大传》

《小占神课金口诀》

神课金口诀卷首

神课金口诀序第一

余尝谓："目之所可见者形与色，外此者目无所与焉；耳之所可闻者名与声，外此者耳无与焉。天下之物，固有非目而又能视形色之外，又足以探象数之微；非耳而能听名声之外，又足以察吉凶之秘。密庸于造化之内，默运于范围之表，非天下之至神，其孰能于此哉！然为天下之至精，故可以运天下之至神。"

昔有孙公讳宾，可谓精而能神者也。唯其精而能神，乃立为是术，设为四位，包绎万象，该括至理；休咎祸福，成败得失，皆得预知，虽世之所谓隔墙见针者，未足以拟其妙也。古人以"金口木舌"美圣人之驾说①也，今将是术驾其说，姑效颦而已。亦以"金口"为此书之名，其殆庶几乎！噫！宋元君有《焦龟七十二占》，似无遗策，当时号为"神龟"，况孙之术万无一失，孰为非神邪？于是命其名焉，名曰"神课金口诀"，岂是然乎？

丙午岁季春清明日余川适然子谨序

---

① 驾说：传布学说。汉扬雄《法言·学行》："天之道不在仲尼乎？仲尼驾说者也。不在兹儒乎？"李轨注："驾，传也。"宋孙复《谕学》诗："斯文下衰旰已久，勉思驾说扶颠危。"

订正六壬金口诀序第二

有理而后有数，数之所定，而理亦在焉。卜筮者，推见数之至隐，以示人趋避者也。其道盖存乎大易，而通其微者则寡矣。后世所盛行者太乙、六壬、星禽、遁甲诸书，盖亦莫不依附于《易》也。说者谓"六壬足以知一时之吉凶，星禽知一身之吉凶，遁甲知一国之吉凶"，然者今之开物以前民用者，莫切于六壬矣。乃坊间苦无善本，其《金口诀》一书最为明显，而脱漏舛讹尤甚。巫子公甫潜心是道十有余年，通览诸书，心涵其义，于是为之正其舛讹，补其脱漏，间有疑似之处，则采摭诸书以相质证推阐，盖皎然无一毫之蒙混焉。缮誊完善，以授梓人，而请序于予。予于易道粗常用心，每有所行，资筮以决，后亦靡不相应，而当时不能解悟者十常三四。甚矣！通微之难也。巫子以六壬课为人占断吉凶，当时剖决，辄能十不失一，盖其精哉！今出其心得，以就此书，将见传之永久，读之者人人可为管、郭、袁、李矣，抑予尤有望焉。因事以起数，即数以循理；数之吉而理亦得，数之凶而理亦失者，教之趋避，无庸议也。其有数穷理极，吉则理失，凶则理得，则惟勉其循理，勿复屑之以趋避相溷矣。此《易》所以"为君子谋，不为小人谋"也。昔严君平"与人子言依于孝，与人弟言依于顺，与人臣言于忠，因势导之于善"，乃为人卜筮之极轨也。巫子少读儒书，以决科中，身好为诗，世与故副宪翠庭雷公为婚姻，雅闻其绪论，宁不知此，而待予言耶？顾于此书，未遑及也。特为弁诸卷首，以为用此书者之蓍蔡云。

乾隆二十九年甲申岁孟秋月
同里阴承方静夫氏题于四芳园

六十甲子神课金口钤序第三

余尝讼庭暇燕,坐观《金口诀》之为书也,辄有所效法焉。分三传以象三才之尊位,立四课以象四时之错行;列君臣以辨尊卑,设宾主以明交际。人元外也,又有外为比者,天干而已;贵神内也,又有内为辅者,将神地分是已。或比和,或贼克,或上下相生,或上下相克,① 尊卑虽异,势不能无;② 上下虽殊,体不能无。③ 有冲刑,有带煞,有内向外者,有外向内者。理虽一致,取用多岐;道实一途,应用万态。可谓不赞之龟,未揲之蓍④尔。是钤也虽为筌蹄,⑤ 然⑥又未有舍是而有得焉者。今立《六十甲子神课金口钤》,庶几后学之流,能致其思亦过半矣!

适适子自叙

---

① 点校者注:原书文中下有"亦有所克贼"五字。结合上下文意,当为原书旁注,故移到脚注中。

② 点校者注:原书文中下有"隔位相刑,亦有所比和"九字。结合上下文意,当为原书旁注,故移到脚注中。

③ 点校者注:原书文中下有"隔位相生"四字。结合上下文意,当为原书旁注,故移到脚注中。

④ 蓍,通"蓍"。

⑤ 筌蹄:筌,捕鱼竹器。蹄,捕兔器。后来以"筌蹄"比喻达到目的的手段。

⑥ 点校者注:此前"亦是"二字,当为旁批。

叙大六壬金口诀神课第四

粤自河图洛书出，先圣则之为经，以开物成务，而前民用，诚万世道术之鼻祖也。古设太卜、太筮之官掌其事，而今亡矣，惜哉！世传《神课金口诀》，金谓述自孙氏膑，始精大六壬，犹歉其传而弗约，遂择其简约神妙之最，辑为此书，传行于世，占无不应。后之好事者引伸触类，散其精蕴，使观占者率多病其涣漫，无所措手。余昔备员内书局，供职之暇，悉摭诸说之异同，参互官本与歌诀断例、诗书词诵之类，巨细毕举，一一重订校正，间附己意，补其阙晦而直解之，分为三卷，以续厥传。其为"神课"者，以三传四用生克之占，于天时地理人事之浩，靡不奇验。非天下之至神，其孰能与于此？其为"金口诀"者，如令出至人之口，无所回互改易之谓也。前人取名命意或如此，若其中幽深玄远者，多不能尽晓，姑以俟高明之士斤之，则庶乎不失前人之微意云。

时明嘉靖戊申秋八月甲子之吉
金台宋氏重订并叙[1]

---

[1] 点校者按：民国石印本多署有"楚黄陶中辅撰"，"上元李逊斋重校"，今此序系《大六壬寻源编》一书所辑《大六壬金口诀》所收，故一依古本。民国本署名，显系借用古人之序而有意为之。金台，指古燕都北京。楚黄，明清旧称，指黄州府及所属各县。自明代嘉靖、万历开始，黄州府及所属各县文化人往往自称"楚黄某某"，以示郡里，清代、民国亦多有沿用。上元，唐上元二年（761年）改江宁为上元县。五代吴在此分置上元、江宁二县。民国并入江宁县。

金口指玄序第五

夫世传孙子膑于六壬因繁就简，得其幽微，阐其神妙，成三卷之编而穷三才奥窍。然其传直述地分、月将、贵神、人元，不论三传四课之属，此其何为？叙四象旺衰，无克则旺，此又何为？审四位阴阳而定用神，视三五动而正发端，皆不类六壬矣！某初不意身遭罹难，幻死生如梦蝶，后遂踵迹前贤所创，遍寻三卷之余端，得之行游八方，征乎于世，明心洞达，精蕴豁开，而奥旨得矣！而后知金口六壬，言言一旨，等趣不殊，诚术家之津梁也。

忆昔得北游子所录《金口钩玄》诸书，相与解执情而融习见，若乎发蒙覆而睹寥廓，已而斯人逝矣。北游英睿慧敏，于《金口诀》多有创辟精解，斯术通神，而其道不绝，殆有天数也。今承北游遗意，直指先人未发之秘藏，破诸说之支离，开一经之暗昧，备叙如左，以俟后世高明君子，得吾书读之，览金口壬式之宗，或其有悟，知简妙神机皆备于斯。孙子膑伟器雄才，奇术妙道，诚不我误也。

时正德六年孟秋七月即望
阴山道人懒云子述之

神课金口诀起例第六

六壬转轮活图

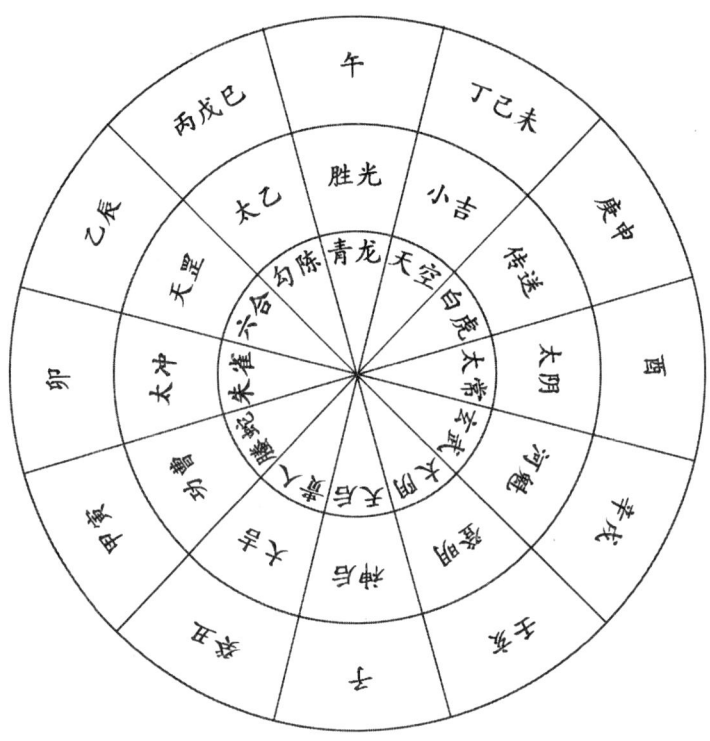

《金口诀》活盘全象图

外盘者，天干寄支，亦地分之谓也。中盘月将乃月建合神加时，顺数至地分也。内盘贵神，昼从顺数，暮用逆数也。

外层为地盘，其所藏之十干即为日，十二支即为辰。第二层为月将，以六合取用，如五月用小吉、六月用胜光之类。第三层为贵神，昼用顺贵，夜用逆贵。

九宗门入手法第七

一　贼克

取课先从下贼呼，如无下贼上克初。初传之后为中次，中传因加是末居。

二　比用

下贼或三二四侵，如逢上克亦同云。常将天日比神用，阳日用阳阴用阴。①

三　涉害

涉害行来本家止，多克便将为用起。孟深仲浅季当休，复等柔辰刚日拟。

四　遥克

四课无克号为遥，日与神兮递互交。先取贵神来克日，如无方取日来遥。有时遥克还并二，今日比神为用爻。

五　昴宿

无克当以昴宿寻，阳仰阴俯认须真。阳日先辰而后日，阴日先日而后辰。

六　伏吟

六甲伏吟寅巳申，六丙六戊巳申寅。六乙辰戌未土取，六庚申寅巳有刑。六癸亦寻丑戌未，壬辰壬午亥巳申。更有四壬别立法，日先辰次末刑真。六己辛丁临亥酉，辰先日次末须刑。丑卯巳未更无克，辰刑尽处是传神。已上伏吟十五法，刚日柔辰中末行。

七　返吟

返吟有克亦初生，理合先冲而后刑。次传若在自刑者，还求冲处是原因。

---

① 点校者注：《六壬大全》作：下贼或三二四侵，若逢上克亦同云。常将天日比神用，阳日用阳阴用阴。若或俱比俱不比，立法别有涉害陈。

惟有六个无克神，丑未配干丁己辛。丑日登明未太乙，辰中日末定其真。

八　别责

四课不全三课备，无遥无克别责是。刚日干合上头神，柔日支前三合是。须从天上作初传，中末重来日上置。

九　八专

八专之日号无媱，有克比并涉害深。无克须当顺逆数，数时仍复看阴阳。刚日便从阳顺去，柔日还从阴逆行。皆数三神为发用，传中日上合天心。有时数到日神上，三传飞散莫重临。正月己未酉时用，独脚课兮为可凭。

十　次客

次客之法要素明，阳将后三前五并。阴将前五后三取，依次用之占有灵。

假如例

假如十月癸巳日亥时，即将功曹之将加在亥上，再以贵人加在巳上，癸日亥时，依五鼠遁当得癸干，此仿易卦自下而上顺看，则为干神将方也。四课中取巳火下贼申金为用，三传申亥寅，依后生克之例断之。

又

又如六月丁丑日未时，即将胜光之将加于未上，再以贵人加于亥上。丁日，依五鼠遁到未时，当得丁干，此为干神将方也。日辰四课取丑土贼上子水为用，三传子亥戌为连茹课，为重审课，为拱斗朝天课，其生克断法具后。

时万历廿四年六月吉旦
新少赤岸真阳子订

入式章第八

入式之法妙通玄，月将加时方上传。更看何神同一位，日干须用五子元。
克者为无从旺断，五行之内细推元。便将神将定凶吉，方察来人定的端。
二木为爻求难得，二土比和迟晚看。二金刑克都无顺，二火为灾百事残。
二水皆须为大吉，水来入火妇难安。金入木乡忧口舌，火临金位有迍遭。
火来入土为刑狱，土行水上竞田庄。上克下兮从外入，下克上兮向外边。
主克客兮来索物，客克主兮客空还。四位相生百事吉，内有刑克忧患缠。
但取寅申为贵神，子午卯酉吃食言。巳亥常为乞索物，小吉妇人酒食筵。
水土金火为窑灶。庚辛碓磨及门窗。庚午改门为接屋。四孟相生有草房。
丙丁旺处人最恶，与姓相生子孙昌。四位相刑主有克，上下相生福满堂。
上克下兮宅必下，下克上兮岭头庄。甲乙为林单见树，见金枝损及皮伤。
丙丁旺处为高岭，庚辛为斜道宜详。戊己为坟看旺处，土为坟陇痛苦殃。
壬癸长河及沟涧，弯环曲折认刑伤。大树死时家长死，水上来穿近涧旁。
贵人神祠并堂殿，太阴碓磨共相连。前一螣蛇为窑灶，朱雀巢窝空里悬。
六合树木看生死，勾陈渠涧土堆滩。青龙树神并枪刃，天后池塘涧水泉。
玄武鬼神并图画，太常筵会酒食言。白虎道路及刀剑，天空庙宇道僧仙。
此是孙宾真甲子，天地移来掌内看。

解曰：《入式歌》言其大象，五动爻视其大意，以格局看其事体，凭驿马神将断其吉凶，空亡月破支干三合六合验其成败，潜心推测，无不神应。方查来人见的端，盖指动静之机也。神无方而易无体，执一端而变化滞，非神也。守定体则无变通，非易也。物虽有体，体者象也。假像以见体，而本无体也。是以地分之谓，焉能指一分殊，罔顾神兆天然乎？地分之用，殆息心静虑，精察神会，微几之动，洞明无碍，庶几之心，朗然自得矣。

"月将加时方上传"，正月登明从亥逆数十二位至子，以定十二月也。即用月建之合神为月将，加占时而传，顺数至地分为将神也。

"更看何神同一位"，谓贵神之起法也。贵神之序，贵螣朱六勾青，空白常玄阴后。以星没为旦，星出为暮。占日天干见，甲戊庚牛旦顺行羊暮逆行，乙己鼠旦顺行猴暮逆行乡，丙丁猪旦顺行鸡暮逆行位，壬癸蛇旦逆行兔暮顺行藏，六辛逢马旦逆行虎暮顺行，此是贵人方。诀曰：月将加时顺究，只寻天神等候；从戌至巳逆行，以辰到亥顺就，贵螣朱六勾青，空白常玄阴后。

"日干须用五子元"，谓人元起法，用五子元遁起例，地分为支，遁出天干以为人元。诀曰：甲己还生甲，乙庚丙作初，丙辛生戊子，丁壬庚子居，戊癸是壬子，时元从子推。

"阴阳次第辨互用"，三阴一阳，以阳为用，取相少阳，事在男子。三阳一阴，以阴为用，取相少阴，事在女子。二阴二阳，以将为用，随将阴阳辨之。纯阴反阳，以将为用，方内之物。纯阳反阴，以神为用，方外之物。诀曰：凡将阳，用取阳为由；将阴，用取阴为由。阴阳之用值空亡、克煞为用之虚。

"克者为无从旺断"，取四位无克者为旺，旺生者相，生旺者休，旺克者死，克旺者囚。以辨其四位于课内得气与否，得气有用，不得气则失其用也。又四位所属，为四象分爻定象之用也。合四位五行，则课局四位相连分张，一览即明。

云霄赋第九

论人生五行之祸福，详课体克战之衰兴。相生见喜，克战则凶。月将与地分，分其高下。人元与贵神，定其卑尊。臣犯于君，人来害己。君凌臣下，己害他人。人元克六阳之神，阳男有祸。天干战六阴之将，阴母逢屯。泉沉蛇马，定生眼目之灾。① 虎负岗岘，必主羸瘦之症。② 红马登途，行商外病。③ 赤蛇入户，闺妇内灾。④ 西女来东户，狂病伤蚕。⑤ 白道应绿林，老翁损睹。⑥ 东方贼子，园中盗粟偷挚。⑦ 未地勤儿，店内盘食美酒。⑧ 产劳病患，因井宿

---

① 壬癸水龙泉，亥子加巳午，巳午火蛇马，主眼目之灾。
② 甲乙克辰戌。
③ 丙午克庚申。
④ 丁巳克辛酉，主有暗昧灾。
⑤ 辛酉克乙卯，风症狂病蚕无收。
⑥ 庚申克甲寅，寅山林，申道路，损老翁，寅木神，树也。
⑦ 卯。以酉合丑，丑乃金库，为粟园。
⑧ 未地井宿，乃酒食之神。小吉，酒店也。

入天门。① 鬼蛊气疾，为土星填北海。② 土牛逢江猪，贼人自败。③ 火宿遇波涛，阴妇井溺。④ 南方赤马，怕北海之浮波。⑤ 寅地有龙，畏西方之恶吼。⑥ 龙虎交加，老来伤害。⑦ 丘坟倚叠，衰后独孤。⑧ 天冢安僧道，犯阴后必主奸淫。⑨ 金井饮马⑩羊，牧坟岗定然鳏寡。⑪ 青龙入户，接脚老翁为夫。⑫ 树神临池，应得阴人财宝。⑬ 负水浇林木，徒养他人。扬波溢苑中，终伤自己。⑭ 天门木户，相见两和。⑮ 醴酒玄浆，相调两便。⑯ 内室专权，有仙女跨云之象。⑰ 行商得利，逢坤门酹酒之征。⑱ 木象化天门，经营自变。⑲ 白虎嫌黑水，祸患相仍。⑳ 当途决水，享耄颐之遐龄。㉑ 避地安坟，乐绵瓞之旺续。㉒ 阴人疤面，赤蛇走入金门。㉓ 姜女失音，白雉飞来巽户。㉔ 玉女逢牛宿之宫，阴构大富。㉕ 牵牛至金门之路，血畜尫羸。㉖ 仙女游园，乐生产充盈之兆。㉗ 土牛奔火，恐亏负暗昧之言。㉘ 土多乏嗣续，水盛好荒淫。木众枝繁，金多体折。火气炎

---

① 己未入癸亥。
② 辰戌克亥子。
③ 丑入亥。
④ 丁巳遇亥子。
⑤ 丙午逢壬子。
⑥ 青龙畏白虎。
⑦ 甲寅见庚。
⑧ 辰戌重叠。
⑨ 辰戌为冢，为寺观，或六合太阴值天空，奸淫之兆，卯酉门户神也。
⑩ 一本作牛。
⑪ 四季相加，丑未为马羊，辰戌为坟岗，金井未也，犯主一姓三名鳏寡。
⑫ 寅入卯，爱郎夫。
⑬ 寅入亥，得女财。
⑭ 子为水，卯为苑，子卯相刑，水浮泛滥。
⑮ 亥卯相和。
⑯ 未酒亥浆，相合富贵昌盈。
⑰ 乙到亥。
⑱ 未为酒神，加午火迁坤，主禄利非常。
⑲ 未土亥水，亥旺得卯三合木，是化于天门。
⑳ 申虎到亥水之乡，金休衰必有祸患。
㉑ 申为途，金旺金水相生为眉寿。
㉒ 辰戌为坟，主取生意。
㉓ 巳加酉，丁加辛。
㉔ 辛酉太阴被巽方巳午克之。
㉕ 丑与丑三合，丑金库。
㉖ 丑至酉而无气。
㉗ 巳火，双女宫，至丑为因火生土而财帛充。
㉘ 丑土入巳未，日为巳火之炉，未为木墓，必主伤身之兆。

炎，人多性燥。水形汩汩，主性必柔。五行大忌结胎逢刑，四位切防无权交战。金临丑地，木人遇肢体不全。水至申宫，木命值飘蓬无定。①火炽伤金，边塞奔驰之子。卯荣破丑，园田耗散之人。独木遇三金，须防鬼祸。二金逢二火，切备天灾。孤土入败绝之乡，见木多传尸久患。弱水临休囚之地，逢坤常呕血之忧。五行最要相生，四位偏嫌杀战。果尔留心留意，自然无惑无差。

三才赋第十②

金口玄妙，先知未见之情。入式幽微，能决有疑之事。指方定位，神将成课体之基。验煞推元，吉凶妙鬼神之用。

干神将位，立贵贱尊卑。四象三才，分高低上下。人谋害己，干克神而剥官。己欲侵人，神克干而进职。神克将，非捕盗必主妻伤。将克神，不求财当言身病。位克干而神克位，疾病官灾。位生神而将生干，求财喜庆。损妻妾而牛失马倒，只因将克干方。防盗贼而财散人离，自是干克神位。干生位，嗣续旺而名位卑。位生干，印绶迁而子孙弱。本音全见，妻儿难保长年。妻旺官衰，父母恐防不寿。

金纯而道途分异，木全而官事缠身。水多败散病儿童，火盛惊忧伤妇女。纯土乃丑妇当权，孤立则尊人不利。火加水上，生育产难之惊。土入木乡，争讼田宅之兆。火临金地，劳患缠萦。木植土邦，疮灾牢狱。木到水中而飘荡，金行火上而销熔。寒热往来，水来火地。口舌争辩，木入金宫。水上土下而竞田畴，土高水低而生肾疾。

再推神将，以尽吉凶。问职功曹，文书木器。稽司传送，信息行程。太冲盗贼及舟车，从魁金银与奴婢。辰为斗讼兼主死丧，戌乃欺奸或称印绶。登明征召，太乙飞灾。胜光鬼怪联绵，神后奸淫牵惹。未为衣服筵席，丑作苑囿田园。大吉小吉为勾陈，田宅争讼。河魁从魁化六合，奴婢逃亡。寅辰若遇勾陈，官刑禁系。寅亥如逢白虎，疾病忧惶。子卯与玄武同传，当途贼盗。巳亥逢驿马并驾，在路奔驰。口舌诅咒之非，丑未之临朱雀。夫妇休离

---

① 金旺木人遇之，伤筋损骨，肢体不全。水旺木人遇之，男为盗，女为妓。
② 天元、贵神、月将、地位。

之患，未酉隔角交加。① 魁罡临处词讼生，申午并交狐疑作。原夫天乙所占官宦，遇克必生官嗔。螣蛇为卜惊忧，逢刑决然火怪。朱雀文书口舌，六合喜庆婚姻。勾陈主斗讼勾连，青龙应婚姻财宝。天后奸心暗昧，太阴隐晦阴私。玄武防盗贼侵凌，太常有酒食筵会。白虎主死丧之道路，天空主欺诈之逃亡。

将神更忌刑冲，干位仍防带煞。将带神兮神带将，玄妙于中。位被煞兮干被刑，幽微就理。天干神将，有加临幽显之征。地支人元，有隐伏不明之义。是故太岁受克，尊人有不测之灾。月建遭刑，宅长有沉溺之祸。凶神同居虎地，哭泣临门。丧吊相并鬼乡，哀号动地。② 月建号青龙而将吉，资财益进。月破名白虎而神凶，疾病崩摧。狂横死于灭祸，③ 淫乱发于奸私。虎逢耗而失畜亡财，④ 龙合喜而添人进宝。丘墓丧车并煞，病者遭殃。德合诏赦解神，囚人得脱。天医宜占疾病，⑤ 丧门不免忧惊。哭煞游魂，非灾有准。亡神月厌，祸患难逃。天马驿马入垣，谋为迅速。德合生神临用，作事成功。⑥ 孤虚死气同传，举行屯蹇。⑦

星月为刑为煞，太岁为奇。⑧ 煞并天空，祸兴虚诈。课临旺绝，断绝人情。⑨ 相逢四位生荣，光辉求幹。若遇将神沐浴，败露事机。⑩ 河魁属氐房之方，功曹加昴星之位。毁隔致防于东地，见木则毁隔无妨。重关用锁于西都，见金则斩关不闭。玄武与壬子窥户，贼盗当忧。⑪ 白虎并传送临门，病疴防作。⑫ 神杀既定，象类宜详。分局则分劈支持，合局则事从众起。⑬ 重叠则事多重叠，⑭ 交互则宛转无依。⑮ 衰主衰微，囚主囚系。若卜逃亡走脱，别课体

---

① 丑寅、辰巳、戌亥、未申入之者也。
② 岁前二辰丧门，岁后二辰吊客。
③ 阳月前三辰为大祸，后三辰为灭门。阴月前后反此。
④ 岁前五辰为大耗，六辰为小耗。
⑤ 月建前二辰为天医，对冲为地医，吉。
⑥ 月德合，正月子顺行。
⑦ 空亡孤，对冲虚。
⑧ 太乙为刑，月将是太阳为福，太阴为杀。
⑨ 五行绝处并帝旺，课中月将遇之，人情绝，夫妇离。
⑩ 五行沐浴位，凡事败露不正。
⑪ 卯酉为户。
⑫ 子午卯酉上加临。
⑬ 干生神，位将为合局。神生干，将生位，为分局。克者同名。
⑭ 二三神将同。
⑮ 上下交克。

之兴衰。如占觅货求财，视将位之有气。投书进表详君臣，察其善恶。博戏战攻认主客，定其输赢。武盗若值孤虚，追之莫捕。死气加诸墓绝，病也难痊。

详天禽地兽之形，察人间隐伏之状。祸福之源，于斯指掌。五行之理，于是潜心云。

金兰略第十一

三才有准，四位无差。断契金兰，占知趋避。神将相生则喜，干支有战则凶。将元俱旺而阳衰，严君早丧。方与贵神而克将，慈母先离。四位纯阳，弟兄列雁。纯阴四位，姊妹成行。一课俱衰，室如悬罄。五行有气，家道兴隆。星犯魁罡，男女鳏居僧道。将逢大小，子孙独守空房。① 木植江湖，髭鬓可爱。申辰居戌，客旅何依。小吉若加太常，平生好饮。白虎重临传送，在外遭殃。金被火克而见血光，空劫重逢而绝嗣续。孤神上克，必主孤单。欲辨人形，先观课体。

凡揣贤愚之相貌，细究五行之盛衰。旺相则秀丽端庄，刑衰则欹斜鄙陋。土来克木，紫黑仪容。木被金刑，青黑容状。肌肤如玉，却缘火到金乡。发秃容黄，只为木来土位。人之病患，生死不齐。课象兴衰，存亡可验。火临四孟，热病难医。水逢火土，产灾可治。火遇水而投井自缢，金胜木而下病阴烦。衰死阴空，定僧尼无棺而裸。败绝甲乙，必男子夭亡而赢。二刚克阴贵人，主补右肩之服。一柔刑阳天乙，必缝左肩之人。干支俱阳是男，干支俱阴是女。功曹主多髯老叟，致讼因财。太冲主隐体贼人，临门忧母。天罡为坟墓之主，太乙乃阴害之元。胜光掌文书，小吉和酒食。传送流移之失，从魁夫妇乖张。河魁争墓觅骸，或有死尸之祟。登明争竞兴讼，或招溺水之殃。神后惹淫阴私，大吉厌禳咒诅。留心推究，因应如神。

---

① 同位则断。

玉华略第十二①

占事先神而后将，推情详煞而论刑。鳏者之刑，水逢四季。寡妇之煞，木遇三孤。华盖逢刑，有文而无贵。太阴值岁，非妓而亦娼。② 谋巫作生涯，只因火逢空劫。恢谐身艺业，乃是水入罗垣。木遇双金，艰难瘫跛。木逢二土，秃瘤伤残。三木而遇一金，腰脚鹅鸭。一土而值三水，情性虎狼。一木二土而陋劣，一水三火而痖聋。父子相争，三金一火。远年虚诈，二木二金。二金二火幼身危，二土二水老词讼。家破因逢横煞，人灾为遇凶神。勾陈主罗网之灾，朱雀有马惊之患。螣蛇阴人连累，玄武身是雕青。

定寿经第十三③

白虎逢夏入离，定作分尸之鬼。甲寅临秋遇酉，必为远配之人。觅人喜看伏吟，占信先观干位。④ 太阴共木败绝，老夫必是头黄。⑤ 人元与运相刑，君子应无学识。⑥ 乙入天罡逢金，主刺黥之辈。贵逢辛卯木克，乃容中之人。白虎魁罡旺土逢，雕刻匠役。天空辛酉元气绝，道士僧尼。丙元临太阴，家有石神而缺臂。太阴逢二火，室藏瓶类而无唇。勾入天罡，贫妇愁难度日。龙临曹吏，富翁喜得随时。河魁被木来伤，秃首之阴。太常得水去制，悬壶之士。

---

① 论人事灾凶。
② 辰戌丑未但一位相重，即是伏吟，便是华盖，余者非。
③ 论人品人事。
④ 酉居酉室，庚居申室，依次推之，百无一失。
⑤ 乙木庚金无气。
⑥ 支中所藏，如戌上申巳之类。运，气运也。

光明经第十四①

贵人当旺，恩赐加官。蛇雀临生，克豕乏继。太阴白虎临季，亲戚入门。河魁天罡重逢，赘婿依势。大吉小吉，易婿无疑。木神火神，佳配莫得。金逢墓绝，父子远离。伏至辰宫，瓜瓞久乏。火遇亥神防走失，水临巽户主腰灾。季上功曹，倚人门而寄食。太冲孟仲，弔己影而独行。朱雀逢寅，有孙无子。水神入土，有子无孙。酉位木临，妻家必破财产。火乡金入，外族岂得荣华。金临巳午之宫，带儿就妇。未加申酉之位，携子归夫。心行邪淫，水逢辰酉。乏嗣缺妇，木遇季神。上生下兮，富寿荣昌。下生上兮，求谋通遂。上克下兮，他人害己。下克上兮，己谋他人。分族类于贵人，第人品于将位。辰僧卯道，午吏蛇文。凶墓魁罡，奸农邪妇。卑微小吉，会食酒筵。太阴徇私而犯娼尼，纹身绣面。白虎开店而及军旅，佩剑执戈。魁罡逢酉，雕熊画虎之俦。贵后临辰，步斗踏罡之侣。天后情至滥溢，大吉品分尊卑。火入玄宫，沉疴戚戚。水来乾地，疮肿淹淹。木神临火为伤残，木土居东值狂浪。后龙合绝于金火，夫妇无谋②。蛇雀旺临于未辰，一生好酒。

金镜歌第十五③

占坟之法君须记，要看神将与方位。阳将阳时更阳位，男子九分十分是。
阴将阴时位又阴，女子言之不须疑。贵是阳，地分阳，男子不须细审详。
贵是阴，地分阴，妇女之坟不须寻。阴无气，或逢刑，久嗽劳伤病可云。
火无气，被水克，心气不绝分南北。水无气，土来制，产死多应患血气。
阳水衰，或入墓，男子水蛊真不误。土死绝，木来刑，苦病或为刀下魂。
土刑盛，女守寡，虽有男儿还是假。金克木，木见酉，家长非灾横祸久。
畜类死，家破败，卯母寅公不吉泰。先死母，辛临震，金木相刑不和顺。
先亡父，庚克寅，卯加申方一例论。水被土，主害肚，产死食劳无异故。

---

① 论人品。
② 当作媒。
③ 占坟葬何等人，并葬后子孙。

寅是木，火长生，十须九危害天刑。一火微，三四水，亥子逢之为虐鬼。
木多败，主风瘫，腰跌举步难。土神多，水神微，一般无所疑。
土在墓，或死绝，病苦疮疡决。螣蛇火，被水克，产亡河井入。
朱雀火，主不祥，自缢多招树下亡。木神克，太常土，或是毒药并呕吐。
白虎金，若逢土，不在家乡丧外苦。白虎申，庚辛慢，外若不亡须招患。
青龙木，一类论，多主发髯似胡人。乙六合，卯寅位，自身祖宗须争吏。
勾陈走，定不扬，男子占之必外亡。天后水，落声空，死墓败绝记得清。
太阴金，暗昧深，便有吉神也至淫。玄武贼，斜眼窥，若逢辰戌爱便宜。

玉鉴歌第十六

干是外人及尊长，神位主用弟兄官。妻财月将方位使，本位云之小口因。
神若克干争辩讼，老人灾害屋梁倾。神将内逢相战克，家财紊乱弟兄争。
方若上来刑月将，将损妻财妾病疮。将若刑方伤小口，逃亡婢奴走西东。
白虎传送人在外，死丧灾祸最为凶。太常小吉酒食事，筵宴和会喜相逢。
胜光朱雀官事起，只因文字不分明。太乙螣蛇人口病，金鸣鬼怪梦中惊。
天罡勾陈多战斗，庄田争讼到官庭。六合太冲官府事，文词告唤准无空。
青龙功曹财禄喜，金土逢刑损老翁。大吉天乙仇相害，耳聋头秃丑形容。
二后临时多暗昧，奸邪婚类事朦胧。玄武登明盗贼事，提防暗害夜行人。
天空河魁语多诈，定执坟地事关僧。从魁太阴不明事，妻妾魇魅起冤争。
水来见火火见水，损财耗散口舌频。六畜灾伤妇人难，蛇禽无故到门庭。
木来见金金见木，家宅门户不安宁。父母腰脚风瘫患，损财口舌见纷争。
土来见水水见土，前年动土见凶神。妇女面黄及肚肿，小便滞涩不通行。
木来见土土见木，定失财产数年中。儿孙常害脾胃病，蚕桑五谷未曾丰。
火来见金金见火，家财耗散病疮痈。无臂石佛金铁响，失财人口死亡凶。
更推生克详休旺，祸福灾祥在掌中。

通神赋第十七①

天元即是人时元，十二方位人坐边，月将寻时依次定，贵人须审日干传。
天元君父夫主师，尊先长上首高皮，贵神官禄心家主，群吏外财胸乳脐。
月将亲戚弟兄辈，内财妻子腹腰腓，地方卑幼臣民妾，孙足家中物些微。
干克方为妻妾动，官财损折下卑疲，外边取索多唇舌，人在家中防不怡。
干克神为官禄动，官财两得非常宜，外人取索多谋害，市不利官散不迟。

干克将为财内动，求财多得妻多病，又知屋宇柱梁权，将本求财多利进。
干生神位亲来访，又有外人送物广，物色官府所用之，借来借去数中仿。
干生月将内财兴，人送物来依类分，内外弟兄和气合，须知慈父爱儿孙。
干生方位泽恩该，荫子添孙奴婢财，占产始知多易育，非常宠遇自天来。
神克干为官禄动，仕宦禄位望财无，常人官事得官物，喉病财来暗损失。

神克将为内贼生，勾连偷诈勾攘深，损财卑幼当灾疾，求望无成占病倾。
神克方为隔动兴，求财迟得事迟成，主人怒发灾奴仆，占病脐疼足跛行。
神生干有官超荐，人送物来官可见，祭祀以时享孝歆，寻人必定来见面。
神生将为婚姻合，馈送来珍物最时，求望谋为皆遂意，行人必至莫生疑。
神生方位隔神动，宛转谋为始望成，和气主翁恩下及，家奴尽力业生营。

将克干为隔喜并，欢欣喜事由天定，求财阻隔事难成，必待天禄方合并。
将克神为财动兴，求财得利妻得病，求官难得疾难医，出外物形终损应。
将克方为忧虑兴，忧虑疾病足难行，幼灾财仆多伤损，争讼难赢宅不宁。
将生干是平星吉，内外和合妻正室，财产兴隆儿孝亲，须知人宅两安并。
将生神是和合星，百事皆祥和福臻，儿孝妻贤家宇泰，施财普济路桥平。

将生方是吉神课，财帛外来有亲助，喜庆儿孙多秀拔，须知天庇家平和。

---

① 此《奇门遁甲·论十方星将生克》也。

方克干为官鬼动，官亨出外讼牵人，灾忧口舌冤仇损，自艾遁逃干上刑。
方克神为官禄动，求官得禄必成名，伤神举荐无提拔，刑狱连遭官府嗔。
方克将为外贼露，耗材妻妾生灾毒，须知人欲出于家，失物因寻复得物。
方生神是喜和星，宛转谋为皆称情，奴仆尽心忠益主，须知基旺屋更新。

方生干是忠孝星，父母君师皆喜忻，印绶擢拔多进益，须知祭祀福祥臻。
方生干是壬星得，地载吉祥喜事临，和合婚姻谋望遂，家庭和气业更新。
上顺下生天与庆，外人送物进财应，添丁百事皆和合，立至行人得产兴。
下顺上生出行该，经商得利称心怀，求官得举蒙恩擢，喜信家中传报来。
上顺克时外克内，外人构诈生谋害，频争财破上凌卑，足疾地基多退败。

下顺克尊内克外，卑幼忤逆官司坏，勾连财失舌唇多，呕吐病灾无父母。
干神比是近谋身，不犯亲戚不累人，神将比为亲属好，谋为作事托宗亲。
将方比是为朋友，进退作为朋友成，干戈比为兄弟类，事谋不寡比肩行。
全比亲属迭重连，卑逾尊兮邪夺正，上下混向无分别，大凶无吉灾刑并。
神与干合为官合，士子科场荣擢廷，庸俗讼公官府累，谋望小事多难成。

神与将合为正合，婚姻成就事亨通，又多朋友亲邻助，惟有病占秋复冬。
将与方合为遥合，远路来年婚就成，谋事迟成人病仰，以卑动长合相承。
干与将合名为格，内外关防迟送迎，方与神合经年事，卑幼干尊事晚成。
方与干合人谋己，门中有事就相争，星奇方位门诸将，吉凶平稳随时评。
同朋为旺我生相，休是财官囚鬼将，死为父母分轻重，有气大凶无小恙。

大吉丑旺固胜小，无气不如下支畅，吉宿若逢时旺相，万举万全功业尚。
管甚身相并定命，诸家不论恶神嗔，官符太岁尽归承，压煞擢凶灵显真。
作着流财财便发，作着空亡空里兴，若值休囚并废弃，劝君不必进前升。
愚今推演神机数，变易随时见道流，贵神为纲将为目，详演金口数最周。
人元外卦地内求，正时先锋卦外游，用类出现目今断，用伏隐藏详后头。

搜元遁地相对取，彼方所向敌占留，互察将来后代事，用占旺相与休囚。

用类被伤寻生救，绝处逢生一样搜，三卷分明类相推，真诀传与熟详求。
泊宫行年六仪里，甲子指为本命头，本命甲子推详排，阴阳逆顺十二周。
命与行年随宫断，便知情性兴亡筹，三卷玩占阴阳主，入式占法变通搜。
三才研几惟诚明，极深达用通神求，念念归根时此存，循循达道方上修。

玉衡歌第十八

金口三卷道万端，指玄孙膑诀无方，贵神月将五行上，主客四位体周章。
六十甲子皆余事，何用三遁再生张，莫从闲处觅消长，神机发地类更详。
活法口传理通玄，触机真诀神诚端，法尔阴阳有真宰，三才门里无万般。
妙法简粹方上起，将神凶吉类相关，内外旺衰明体用，煞神机括法不难。
真诀无多歌外看，法不周遍言外参，将神两篇归一览，悟彻万类任君断。
十二辰里占何主，十天干中寻做胆，枝节旁生验不灵，空审事因便慌张。
明莫明过五动生，隐莫隐于三传方，纳干纳支翻成卦，决阴从阳至道传。
入式格局求大意，四位阴阳审大端，事于生处明升降，脱卸归真验返还。
刑冲破害随课走，煞神生合类相转，神枢歌法殊阴符，数篇诀赋聊有传。
明暗课解寻可通，圆成万妙心一方，证印孙膑真妙诀，万象纷然一掌观。

神课金口诀卷一

论十二神将法第一

亥为癸明	正月将	娵訾	阴水
戌为河魁	二月将	降娄	阳土
酉为从魁	三月将	大梁	阴金
申为传送	四月将	实沈	阳金
未为小吉	五月将	鹑首	阴土
午为胜光	六月将	鹑火	阳火
巳为太乙	七月将	鹑尾	阴火
辰为天罡	八月将	寿星	阳土
卯为太冲	九月将	大火	阴木
寅为功曹	十月将	析木	阳木
丑为大吉	十一月将	星纪	阴土
子为神后	十二月将	玄枵	阳水

论十二贵神法第二

天乙贵人，己丑阴土。　前一螣蛇，丁巳阴火。
前二朱雀，丙午阳火。　前三六合，乙卯阴木。
前四勾陈，戊辰阳土。　前五青龙，甲寅阳木。
后一天后，癸亥阴水。　后二太阴，辛酉阴金。
后三玄武，壬子阳水。　后四太常，己未阴土。

后五白虎，庚申阳金。　　后六天空，戊戌阳土。

论十二贵神旺相法第三

六合青龙木为主，绝在申酉并子午。螣蛇朱雀火之精，卯酉亥上无气处。
太阴白虎是金神，祸败须防子午寅。玄武天后藏于水，卯酉巳上不堪论。
便有天空及勾陈，太常贵神相为邻。四神是土同水断，天官休旺得其真。

论十二位将神吉凶法第四

胜光发用忧惊恐，神后奸淫失望求。传送有人奔走出，公曹官事欲追收。
小吉酒食来和会，大吉咒诅作冤仇。太乙言事凶怪动，登明无足莫追求。
天罡战斗争文状，河魁狱讼畜亡游。太冲劫财伤人物，从魁夫妇索离休。

论十二位贵神吉凶法第五

十二天官知者希，贵神阳人得重威。螣蛇朱雀轻薄妇，六合男为工力儿。
勾陈丑妇更贫薄，青龙官吏薄书司。天后太阴法重妇，玄武阳人斜眼窥。
太常妇人携酒少，白虎阳凶道路宜。天空僧道式好善，妙法须详不用疑。

论十二位贵神所主法第六

天乙贵神喜庆多，投知参谒事皆和。须逢接引来成就，旺相相生贵客多。
螣蛇妇女应阴私，火旺光明鬼怪尸。惊恐忧疑人口病，失物官灾须应之。
朱雀南方是火精，女人鞍马讼公庭。火光口舌须见血，飞鸟文书是此情。
六合公吏应阳人，门上追呼官事临。成合婚姻事求就，若居囚死病呻吟。
青龙富足贵人名，旺相资财喜自生。益禄官迁进人口，商逢百事尽欢荣。
勾陈妇女爱争张，应得田宅竟土桑。两木下伤来克紧，官灾妻女小丧亡。
天后良家妇女名，为神多喜应财兴。婚姻嫁娶临金上，得位重重禄渐生。
太阴妇女应金星，或吉或凶未见情。立于水上多招吉，木火人谋暗昧生。

玄武阳人斜眼窥，有人谋害见逃移。被人疑贼妻女走，鬼动神来无不知。
太常阴人财帛喜，此神上课主亨通。不忧上下临金土，只怕木来重克凶。
白虎当凶事不常，死丧道路见逃亡。临于本位重重祸，入水口舌入火伤。
天空惊恐主忧患，辰戌临家主病忧。木克本神家长死，阴支受克妇人休。

论十二位将神所临法第七

寅为功曹号役人，临于传送必伤身。到亥便为猫入室，见戌还当犬出门。
太冲本位后妇人，到于酉位必伤身。见临子位主见怪，居宅兄弟不合心。
天罡到戌家不和，临于寅上畜伤多。见申奴婢须逃走，卯方病患肿疮魔。
太乙临卯禽蛇现，亥上釜鸣光在楼。午位女家招外婿，子中幼妇必先休。
胜光本位足资财，临寅必主名自来。申酉官灾须见血，子方马死产生灾。
小吉临戌女守孤，临寅必主病声呼。有气婚姻申酉午，只迎卯上出师巫。
传送到戌为旺方，临子儿武乐刀枪。见午必主军人辈，到宅巳上患喉疮。
从魁到午必因宅，子位阴私祸更多。巳上患痨兼自缢，到辰须是出师婆。
河魁到丑魔神藏，申上军人夭寿郎。辰位宅边枯骨犯，徒刑卯上痛伤亡。
登明到丑病萎黄，到巳必主少阴伤。未上猪羊饶失散，戌方还出丑儿郎。
神后临酉见金神，到寅儿主乐工文。戌上中央为病患，后妇辰方绝子孙。
大吉到戌为旺方，丑上面丑肚脂囊。临卯必须头顶秃，青龙位上有牛羊。
午位吉庆喜事生，见酉后妇逢赐赏。

论十二位天官所临法第八

天乙官私陈文状，谒贵投知去赛神。有克尊亲防病患，家中土地犯伤人。
螣蛇神动主忧疑，失物光明鬼现之。水克病缠应小口，妇人争竞斗闹词。
朱雀口舌争斗来，文状人论火发灾。焰影辉辉照堂内，飞禽为祟病为阶。
六合堂主喜情欢，或就交关和合安。成就婚姻须见水，被刑勾唤急趋官。
勾陈官事竞田庄，争斗家中妇族强。疑惑二心无定执，克来妇病怪财伤。
青龙逆行事可藏，须损人灾口舌详。旺相贵人来接引，克来争物被人伤。
天后比和喜和谐，若乘水上必招财。病灾产厄须临土，金上逢之嫁娶来。

太阴同处丑未宫，妇女妻财必事通。火主灾生水谋害，若临辰戌病深浓。
玄武鬼贼二事同，人论官事状难穷。更临二水非为吉，金上逢之定不凶。
太常妇人酒食宴，婚姻口愿两相关。求就望成无不应，立于井灶犯中元。
白虎闻丧道路中，亡人惊走失财凶。须忧边境逢兵甲，脱厄河梁被马冲。
天空惊恐失精魂，奴婢逃亡屋作声。忧见驴骡增鬼怪，主为凶事克虚惊。

论十二位天官形貌法第九

贵神官贵富豪称，骨秀肌丰面貌清。鼻似悬囊仓库满，语音沉静眼波横。
前一螣蛇妇女形，头尖面赤鬓稀零。饶舌馋言贫且薄，蓬糟乱髻额前横。
神名朱雀火之精，贱劣卑凡妇女称。面赤多淫性情急，摇身轻碎好讼争。
前三六合木神名，色秀身长骨自清。或作吏人还匠役，虽沾文墨亦经营。
勾陈形状本来凶，面丑唇粗腰脚癃。眼恶睛黄头鬓薄，多争饶舌足寒穷。
青龙上吏富豪民，眉眼分明近贵人。身似青松无枉曲，神清腮赤好攻文。
天后良家美妇人，眉长眼细面光分。十指纤长牙齿密，性情闲淡好腰身。
太阴闲雅好高标，性善声清乐艺高。形瘦面方眉眼细，梳妆浅淡忒妖娆。
玄武阳贼兵壮军，面小身微左眼昏。色黑唇粗形必丑，眼斜觑物夜中人。
太常耳大面团圆，肉腻肌香口舌端。好着鲜衣淡装饰，不然洒髭鬓烂斑。
白虎阳凶兵仗行，据神形状眼圆睁。项粗颔阔身肥短，头发稀疏恶性情。
天空僧道善人家，冷面头黄歃语遮。本主贫寒孤饿困，如居四季有此些。

论十二位天官怪形法第十

贵神当位做神头，只为猪羊许愿求。功德外来运破损，送迎官贵出追游。
螣蛇损失主惊忧，飞鸟曾鸣三度愁。妇病不然妻女走，鬼来光现屋山头。
朱雀神现光焰焰，斗打官灾病又缠。见血损财出娼妇，家中枪剑有多年。
六合神主立幡竿，柜破门损上下看。木盘铁锯香盒破，结钱龙树鬼来缠。
勾陈当旺鬼风来，糠瓮灰盆栏里埋。院内水坑朽尸地，穿墙鼬鼠入家来。
青龙树影到堂前，大木损伐人不安。家中火竟频作祟，外来功德数年间。
天后宅中有井凶，玄武功德在家中。水吹出门山尸现，妇女投井或私通。

太阴火光现入门，明师知识会难分。只为妇来将鬼镜，破磨灾石眼灾迍。
玄武凶生家近河，水灾鬼怪及妖魔。出得儿孙多丑恶，贼来三度犬伤多。
太常幡子到佛前，口愿猪羊赛未全。铜铁杯盆并井灶，甑鸣必主患风颠。
白虎凶丧孝子来，丝蚕减损血财灾。家中虚耗未除了，门前石狮曾破来。
天空主瓮破伤声，托钵悬囊壁上行。更有四足相趁入，宅惊屋暴及甑鸣。

论十二位贵神所临玄关诀第十一

天乙主有喜庆、卯信、文字，有克主有口冤，贵人有灾。

螣蛇主有怪梦惊、忧疑惊恐之事，有克主有阴人病患之事。

朱雀主有文书信息、口舌之事，有克主有官事及其血光。

六合主有相生成合交易或婚姻事，有克主有官事追捕。

勾陈主有文状动、有谋害事，有克主有奴婢走失。

青龙主有迁官财帛之喜、或有卯信文字到接，有克主官事急速。

天后主阴私美喜，妇人主私情事，有克主神缠，妇女出师婆逐人走者。

太阴主有阴人暗昧不明事，有克主夫妻不和休离，又主阴人痨瘵自缢死事。

玄武主有文状、勾连、失财、四足见、即贼、神动，有克主有怪见、光影，或人形状，或神形像。

太常主有阴人财帛、喜事，有克主失却阴人财物。

白虎主有阴人道路，合有出入，外有克主有凶丧孝妇，亦避官事逃移。

天空主有虚诈不实之事，主有斗讼，有克主有狗，因僧过去事。

论十二位贵神临本位吉凶第十二

贵神临丑，此课主加官进禄，不然主家大富，其家必许心愿。

螣蛇临巳，其家饶残害之人，亦主火光釜鸣，主招入舍女婿，其家专望书信，寻人也。亦主先凶后吉。

朱雀临午，主妇人邪淫斗讼也。若更遇火在上，须主官事。若临水上须主死亡病患事。

六合临卯，主有妻家鞍马来到宅，其家主喜庆，往来频频，常做吏人，足兴盛，和交易。

勾陈临辰，主争张暗昧之事，其家主贼人盗财出去，又主宅中合有虚惊在门，又主斗讼。

青龙临寅，主有财帛大喜。如旺相，主争财宝须得理；其家必主出商途，亦主富贵，得此无凶有吉。

天后临亥，主酒食，或见婚姻事，旺相主居家大吉，富贵之事。

太阴临酉，主有阴人争斗讼也。此为不顺，以见二金故也。

玄武临子，主有盗贼，直入房，盗却衣物，如临下是阳必是男子、如是阴必是妇人为贼也。此课只主失财也。

太常临未，主有孝妇之人。若遇斗争之人，后却有大喜也。须逢欢乐必有喜也。又主妇人财帛之喜。

白虎临申，主子孙在外，卒难寻觅。其家主有官事、伤财及伤六畜，更主有产死妇人，大凶，无有一吉之事。

天空临戌，主有孤老之人及疯魔人在家，主其家破散，子孙残病，阴人口舌，官事斗讼，亦主有虚诈不实之事也。

论十二贵神临劫煞吉凶法第十三

天乙被煞主灾同，贵人厄难有何通。神被将克家长损，神克妻儿鬼泣凶。
劫煞螣蛇火现凶，鬼怪颠邪兆宅宫。更主妇人心痛病，门绿屋爆影光红。
劫煞朱雀斗争张，文字凶来官事伤。若见火光还应得，争妻竞妇女身亡。
劫煞六合事急忙，公私牵惹斗争张。自家无事人欺辱，看取人元定祖殃。
劫煞勾陈入课排，上门子午必然灾。更主争论三五度，死亡人口犯神来。
劫煞青龙莫上门，火光流血或成迍。惊忧城盗伤人物，狱讼纷纭死丧频。
劫煞天后女人连，申酉临之事并然。况当奴婢私逃走，人元克将破钱财。
劫煞太阴不可当，妇人谋计事难防。不明暗昧临小口，将与人元莫犯伤。
劫煞玄武凶事重，贼来谋害入家中。临木防贼临酉走，贼神见虎杀伤凶。
劫煞灾煞遇太常，财帛散失两三场。更主酒筵毒药害，如在魁罡主此殃。
白虎行年灾劫宫，必须丧失有重重。两虎当午魁罡上，人元是木有深凶。
劫煞灾煞合天空，惊恐相争分外凶。若更人元来克将，望成永就尽胸中。

解曰：勾陈言上门者，子午卯酉是也；子午为天门，卯酉为人门。前云六合逢劫煞，主因公事损其身。更看人元与六合和不和，若更克人元必凶。又《太阴法》言："克将主破财，人元受克主杀夫。"又曰："玄武之见白虎者，为临申是也；临酉主妻走也。"

论天乙贵神治旦暮法第十四

《神枢经》曰：天乙贵人在紫微宫门外，乃天皇大帝，下游十二辰位，家居巳丑，于斗牛之次，执玉衡，均同天人之事。不居魁罡者，以天魁主狱，天罡主牢故也。甲戊庚，旦治大吉，暮治小吉；乙己日，旦治神后，暮治传送；丙丁日，旦治登明，暮治从魁；六辛日，旦治胜光，暮治功曹；壬癸日，旦治太乙，暮治太冲。天乙在东，南前北后；天乙在南，东前西后。天乙在西，南前北后；天乙在北，东前西后。当向地户背天门，以天门地户为界。昼夜有长短，晨昏有早晚。故以星没为旦，星出为暮，则旦暮所临可知。

贵神旦暮阴阳顺逆辨第十五①

《经》曰："天乙贵人，在紫微门外，乃天皇大帝，下游十二辰位，家居己丑斗牛之次，执玉衡，均同天人之事。"不居魁罡者，以天魁主狱，天罡主牢故也。甲戊庚日，旦治大吉，暮治小吉。乙己者，旦治神后，暮治传送。丙丁日，旦治登明，暮治从魁。六辛日，旦治胜光，暮治功曹。壬癸日，旦治太乙，暮治太冲。行常向地户，背天门，以天门、地户为界。昼夜有长短，晨昏有早晚，当以星没为旦，星出为暮。诀曰：月将加时顺究，只寻天神等候。从巳至戌逆行，以亥到辰顺就。贵蛇雀合勾龙，空虎常武阴后。此定例，确不可拔者也。乃群书有旦贵顺行，暮贵逆行之说，又有阳贵顺行，阴贵逆行之说。其说虽纷然杂出于著述之书，皆未足据也。②

---

① 他书有甲戊兼牛羊，庚辛逢马虎之例，两支一例，似乎有理，不知甲戊庚乃天上三奇不可拆也，且神数非他术可比尔。

② 阳贵：甲羊乙猴丙鸡丁猪戊羊己鼠庚牛辛虎壬兔癸蛇顺；阴贵：甲牛乙鼠丙猪丁鸡戊羊己猴庚羊辛马壬蛇癸兔逆。

论天乙贵神所居法第十六

甲戊庚丑未，乙己子申，丙丁亥酉，六辛午寅，壬癸巳卯。

论天乙贵神值人元克法第十七

人元克神争官讼，更兼父子不相同。神临魁罡墓土病，与土同乡见死凶。
神到甲乙休会客，必然席上有争分。水上见神阴小损，若居火位喜还生。
神临驿马添官职，定知官事须得理。合是青龙居宝位，全必逢之多见喜。
贵神克将阴小积，贵神受克定灾同。下克上兮子孙逆，上克下兮妻财凶。
日上见神当日事，月逢月内岁年中。常取相生皆主喜，如逢相克必然凶。

论天乙贵神所临神煞法第十八

贵神上见灾煞劫煞，主贵人有危难，诸事不和，文字凶。若贵神受克，主伤家长。若贵神克将神，主妻哭泣，大凶。若如人元克贵神，主有官事争讼，更兼父子不睦。

若贵神临魁罡，据此课不得会客，筵上必有争张，兄弟斗讼也。故云神到甲乙。今言魁罡者，甲乙木来克贵神，亦有不和争斗。今魁罡事斗讼之神，故有不和斗争之理。二说皆通，宜从魁罡也。

若水上见贵神，主阴人小口有灾也。若火上见贵神，主喜庆之事也；或有官司灾难，必主消散，得理通和。若贵神临驿马，必加官进禄，更主得珍宝财物，有大吉之喜。驿马主依前排也。故贵神主有二凶：若下克上，主子孙逆党；若上克下，主有妻子财帛之凶。若临年太岁大凶，日月亦然。若四位相生有大喜，相克则有大凶也。

论魁罡所临吉凶法第十九

天罡争斗决雌雄，本与河魁一例同。两将更加诸位上，必然斗讼入官凶。
解曰：行将上下见辰戌临诸方位及临辰戌上，主有斗打见于顷刻间也。

又曰：凡两神临诸方位上，无不斗讼也。为是天之狱牢煞，斗讼之神，如课内见之，定主斗讼之凶。

论传送所临吉凶法第二十

传送临辰夜失多，到戌争竞官病魔。更主鬼神还丧怪，占病须凶奈怎何。
传送临巳火中未，到木口舌必官灾。更主逃亡因事走，釜破门伤火损财。
传送奔腾入火中，官灾口舌有重重。游行况是多迍塞，车碾喉疮道路凶。
传送临金变化多，无刑无克事消磨。虽然丧孝重重过，却与兄弟两相和。

解曰：申临处便为行移之神，若临寅卯上，主伤翁姑及破财也。盖传送为行移神，车马号白虎，主远丧尊长。寅为翁克，卯为姑克，此定知田蚕不成，与破财同也。若病主死，百无一吉。申到辰，主丧事，路行凶，主斗讼。申到戌，主鬼怪、邪恶、官事、病患、死亡之兆。

又曰：传送临金上，亦主变化多般，或喜多怒也。若传送无刑无克，主诸事皆喜，纵有凶祸，也主消磨了。此课主先凶后吉，有死而不死之理。虽主重重祸来，其后却主兄弟和同。若更见天罡，主有斗讼凶。

论人元所主吉凶法第二十一

甲为神树天马上，口愿虽多未赛神。有克伤财及骡犬，兔猫为怪宅惊人。
乙来旺相资财足，天干逢之有火伤。有克门灾窗牖破，下来克上马频瘴。
丙逢旺相见烟光，必有禽蛇现灶旁。若见更逢玄武克，忧多口舌贼来伤。
丁来本位贵贱残，后嗣英雄武贵迁。有克畜伤并犬死，更兼子死病缠绵。
戊己入课主家贫，外来官事被公论。占宅定知家计破，克来灾祸损其身。
庚为金牛临朱雀，定见损伤有灾亡。上克必应人口死，旺相还生马越常。
辛来有克瘠病多，自缢恶疮无奈何。当旺自然家大吉，重重富贵主谐和。
壬旺相重喜自新，临金文雅越常人。木上见之皆有气，克来刑破滥讹身。
癸来入课怪神动，仍看将神并地分。相乘更得旺相交，决定家中有愁闷。

论人元五子日干法第二十二

甲己之日起甲子，乙庚之日起丙子，丙辛之日起戊子，丁壬之日起庚子，戊癸之日起壬子。

论五行休旺吉凶法第二十三

春，木旺，火相，土死，金囚，水休。木墓在未，角姓忌。
夏，火旺，土相，金死，水囚，木休。火墓在戌，徵姓忌。
四季，土旺，金相，水死，木囚，火休。土无墓库，宫姓忌。
秋，金旺，水相，木死，火囚，土休。金墓在丑，商姓忌。
冬，水旺，木相，火死，土囚，金休。水墓在辰，羽姓忌。

论五形聚管吉凶法第二十四

三水一金主文章，蟾宫折桂意扬扬。禹门浪稳风雷变，不日拖绅上玉堂。
三水一木主荣华，田庄浩大足丝麻。子孙定是身端美，兴旺家门福转加。
三水一火家屡贫，残伤恶死损其人。人患风痨身不遂，终朝劳苦告天神。
三火一土破家门，人亡恶死不堪论。庄田破败难拘管，纵有儿孙贫苦存。
三火一金受灾迍，疾病疮痍不离身。昼夜呻吟床枕上，直饶扁鹊治无因。
三木一土家又贫，室中多出不良人。岂凭媒妁相成就，邸店梳妆是立身。
三木一水人少亡，儿郎作事不谋长。又无远见仍无信，虚诈多端取祸殃。
三木一火乏资粮，家财破散失田庄。窃盗败来凶恶露，分须刺面配他乡。
三金一水最不良，家中多是恶伤亡。纵有儿郎须夭寿，丙丁岁内定凄惶。
三金一火主家昌，福禄资财转富强。屡有贵人来接引，不惟丰富有儿郎。
三金一木多软弱，儿孙生下还无目。眷属妇女频死伤，丙午之年灾应速。
三土一水出刚强，胆硬心雄勇甚张。或遇丙丁来发旺，分符还用守边防。
三土一木太乖张，儿孙刺面配他乡。家财破散无田产，更有童男赴法场。
三土一金出俊英，子孙聪慧有声名。敦诗阅礼多该博，科甲巍峨锦绣迎。

二水二金子孙多，有妻端美若嫦娥。此课得之家富贵，钱财粟帛有绫罗。
二木二土克刑伤，尤多痨病面痿黄。子孙官事何常绝，牢狱加临有祸殃。
二水一木土怎当，性强还恐少儿郎。乞得外姓为儿子，户籍年深改赵张。
二土一水一木伤，有人患害自关防。时常疾病灾无已，死丧年年有祸殃。
二金一水一木强，家中和会喜非常。更主儿孙多俊丽，丝蚕每岁进田庄。
二木一水一土崩，家中常是有相争。更知后代多淫乱，亦有儿孙向外行。
二水一土一木强，此人应是有田庄。子孙骁俊飞声闻，更得丝蚕岁岁昌。
二木一水一金行，子孙禀性各聪明。田蚕兴旺无灾难，仍有资财喜庆生。
二火一金一木伤，有人灾病患头疮。子孙忤逆难调顺，人口凋残屡死亡。
二金一火一水殃，儿孙多病患头疮。间有一人能好善，也须睁眼外来猖。
二火一水土刑伤，家中淫乱出非常。此课有克家母丧，资财破败落人行。
二木一火一土昌，子孙风骨貌堂堂。田蚕进旺人昌盛，还有官荣耀故乡。①
四孟值课为遗失，四仲有人问交易。四季攻激为婚姻，进身或然求作息。
三火一木家破财，人多残疾绝后代。家中哭泣不曾住，三女生来多祸害。
三火一土破家财，家中人口更多灾。田庄破尽无分寸，纵有儿孙事转乖。
三火一水主不良，母行淫乱失田庄。窃盗败来凶恶露，应须刺面配他乡。

论解五形聚管吉凶法第二十五

解曰：三水一金，此课主有文章之人，不以为官食禄，不然主大富，更子孙荣旺。此课大喜，更无凶恶事。遇丙丁在上，必主发禄或迁官应也。遇木在上，主有争讼、外人谋害。②

解曰：三土一水，此课合出刚强之人，主胆硬心雄，其家虽主破败，若遇丙丁在上，主发。

解曰：二金二水，此课主子孙荣旺，妻有安质，其家大富。其课主无不喜，最吉之课也。

解曰：三土一木，主课有乖张事。注：子孙必有徒配罪，家贫破财，亦无田宅，兄弟不义，更有赴法死伤人。此课主君不君，臣不臣，父不父，子

---

① 点校者注：以下佚文，另辑他本附于文后。
② 发禄必非丙丁也。

不子,法无纲纪也。

解曰:三水一木,此课主家荣旺,子孙孝顺和顺,庄田浩大,子孙丰标,兼有文章,大吉。

解曰:二水一木一土,此课主出刚强之人,亦后嗣不兴,主绝嗣也。必以外姓为子,或招婿接脚也。又主官事,出残害阴人。

解曰:三木一水,主家中兄弟子孙少亡,更为事多不见长,还无信约,动作虚诈。主子孙命促也。更主家不和。来意只为失财,后主死人官事应之也。

解曰:三木一火,主庄田破败,子孙作贼,多行凶恶,及有刺面之人在外死。

解曰:三水一土,主家破贫乏,兼妇人淫乱,故曰"岂凭媒妁相求就,邸店梳妆是立身"。

解曰:三土一金,主出英俊子孙,聪慧有文章,出文武官,不然家大富也。占来意只为文字、远行,主吉庆。或做三水一金。

解曰:三金一水最不佳,其家主恶死伤者,又主一房绝。遇丙丁岁,其家主有灾病。田产不遂,饶舌官事斗讼。来意只为官事争讼也。

解曰:三金一火,主家业富贵,频有贵人接引,又主子孙兴盛。虽一火克三金,合主大凶,却为大喜者,以凶中取吉也。法云:凶中取吉,吉中取凶。此课中深旨也。来意只为斗讼事,更弟兄不义。

解曰:三火一木,主家贫破败,出残疾之人,主常有哭泣之声。家中只有三女,并无儿孙出,一房绝后。此虽相生,却为凶祸,何也?《经》曰"二火为灾百事残",今见三火,一木又生之,故其祸转深,即以凶断也。必生三女者,以一木生三火,然三火为纯阴也。来意为女人有残患之事。

解曰:三金一木,主子孙羸弱,多有患头目之人,阴人频有伤。此课切尤忌丙丁之岁,主大凶。来意只为望远信、求财帛也。或作三水二木。

解曰:三火一土,主家破人亡恶死课。中见三火一土,又是天罡土,故来意只为官事争讼也。

解曰:三火一金,主有大灾,人口患病,疮癀不休,床席有呻吟之苦,药不能治。又主死伤人口。此卦百事大凶。来意为伤人口。

解曰:二土一水一木,此课主伤人口,多饶病患,年年丧死,官事不绝,此课大凶。来意只为他人谋害自己，人口病患。

解曰：二金一水一木，主家喜庆，子孙聪慧，田蚕兴旺，家中和顺。来意只为外人争讼，谓二金亦为争讼不顺之神也。

解曰：二木一水一土，主妇人淫乱，家中出不良之人，子孙向外走，求财不利。故曰：二木为爻求难得，以一水不能生二木，又被土克，生我无气而生气绝矣。来意为求财不遂，家内不和也。

解曰：二水一土一木，主家道荣昌，子孙兴盛，资财进迁。此课虽有刑克却有喜者，以克我者反为木克，即以吉断也。来意为贼偷了财物，主先忧后喜也。

解曰：二木二土，主有人口伤害痨病。子孙官事牢狱，争讼不绝，此课大凶。来意只为病患、死亡，主患风疮之子孙恶逆也。

解曰：二金一火一水，主有患头目之人，其间有好善者，又有颠狂乱性之人，此课大凶。来意为两阴人病患生凶，及有官事牵惹。

解曰：三水一火，主不为灾也。三水克一火，合主凶，却无灾者，以水火既济，却主夫妇和谐，子孙尽旺，田蚕财帛实足，六畜兴盛。来意只为一人淫乱及患头目人也。

解曰：二火一水一土，此课主有刑伤之人，又主阴人不良，亦主伤母，来意为争庄田，官事，病患。

解曰：二木一火一土，主家业荣昌，人多好善，进益田宅，子孙兴旺，又主求官有喜也。来意只为生一女子。

人元吉凶所主歌第二十六

甲为树神天马上，口愿虽多未赛神。有克伤财及骡犬，死猫为怪宅惊人。
乙来旺相资财足，天上逢之有火伤。有克门灾窗牖破，下来克上马频瘴。
丙逢旺相见烟光，必有蛇禽现灶旁。若是更逢元武克，尤多口舌贼来伤。
丁来本位贵贱残，后嗣英武雄贵迁。有克畜伤并犬死，更兼子死病缠绵。
戊己入课主家贫，外来官事被公论。占宅定知家计破，克来灾祸损其身。
庚为金牛临朱雀，宅见伤损有灾亡。上克必应人口死，旺相还生马越常。
辛来有克痨病多，自缢恶疮无奈何。当旺自然家大吉，重重富贵主谐和。

壬旺相重喜事新，临金文雅越常人。木上见之皆有气，克来刑破滥讹身。
癸来入课怪神动，仍看神将并地分。相乘更得旺相爻，决定家中有愁闷。

论天干吉凶法第二十七

人中灾福最幽玄，四位相乘一处看。地分受克为六畜，更兼人死损财钱。
将神受克为财帛，妇死经年凤别鸾。贵神外被天干克，合灾人口及伤残。
下克干兮人逃亡，死囚官事亦乖张。地分克干祸在外，干克地分器物当。
将克干兮应有喜，重重喜庆合荣昌。干若来克月将上，破家损财贼须防。
二火见金财帛损，阴私讹滥外边厢。火克二金双女竞，外来妇女在家藏。
二水见金主文章，二金二水喜非常。二木忽来临火内，火光口舌人灾殃。
二火有木争田土，官事重重屡见凶。田蚕不遂财难聚，外来人口患家中。
又推何神立何干，看其喜神重入临。干若来克将上宿，灾祸连绵定是深。
宿又依前来克干，六畜死伤灾更深。太阳太阴为喜曜，上和下睦皆同心。
此是孙宾真妙诀，后人加意细推详。

四位五行所主歌第二十八

人中灾福最幽玄，四位相乘一处看。地受克，六畜厄，更兼人死损钱言。
将神受克为财帛，妇死数年忧家宅。贵神戕，干来伤，合有灾殃人口厄。
下克干兮人逃亡，死囚官事亦乖张。地克干，祸在外，下克地分器物当。
将克干兮应有喜，荣昌吉庆重重起。干祸胎，月将怀，破损家财贼谋己。
二火见金财帛伤，阴私讹滥外边厢。二金火，双女忤，外来妇女在家藏。
三水见金主文章，二金二水喜非常。二木类，临火内，火光口舌宅灾殃。
二火有水争土田，屡见凶为官事联。田蚕废，财难聚，外来人口患家眠。
又推何病主何干，喜神临处最宜看。干克斗，将上宿，灾祸绵绵心胆寒。
宿又依前克干神，六畜死伤哭更淫。喜曜临，太阳阴，上和下睦皆同心。
干克贵神人谋己，贵神克干我谋彼。将克方，小口伤，干神克将妻迍起。
方将克干幼犯长，内争外战纷扰攘。克下重，灾病浓，独自勾紫重克上。
生元生神富贵多，方生神将事平和。将生地，财帛喜，一生贵友将相过。

神生干兮寻人吉，将贵相生孝友怪。将位生，美婚姻，重重生上人钦辑。
四位相生百事通，若逢刑克事还凶。阳较胜，女事称，阴多阳少男子从。
干来克贵失官阶，或者人谋害己财。官事惮，仍消散，胸膈生疮自己灾。
人元克将将克位，谋干求财哀不遂。方克贵，将克元，所谋难得尊乖泪。
方生干兮印绶添，干若生方福自全。方刑月，妻财缺，月将刑方官事缠。
干方同类兄弟动，朋友相谐事珍重。孙膑歌，锦色罗，昭示后人须记诵。

三局歌第二十九

上局灾福根天地，五行造化生万类。乾道男，纯阳萃，阴多阴胜女人辈。
二阴夹阳男子真，二阳夹阴主妇人。木无气，且克刑，克上头面下膝胫。
墓绝之方主瘫痪，消息五行多变换。土家逢，死败畔，必主人灾风胀悍。
克上天元必耳聋，墓绝克下残疾凶。鬼蛊气，克下钟，上克之时溺水中。
上火下水目头盲，下火上水必气冲。金主嗽，被火镕，下克金来新患逢。
白虎庚申在外亡，若加炎上是刀伤。丙丁雀，莫望洋，自缢或投井里亡。
太常劫逢人毒药，更兼呕吐血光烁。四孟火，天行灼，太阴入墓妇遭虐。
或是恶疾苦多疮，暗昧不明恶自当。武斜盼，遭土伤，路亡恶死惹灾殃。
六合祖吏必受诛，螣蛇逢坎多灾吁。龙死气，世贫居，勾陈受克射亡躯。
女子守寡男守鳏，更无衣禄厄贫艰。遭水溺，二后寒，若遇天空财迍邅。
妇人中局论阴阳，水土多愁入墓乡。频产血，有何伤，木败风邪咳嗽痒。
守寡水逢四季土，恶煞加之无异语。入墓方，水盅疽，将死克主损夫屡。
太阴入卯自缢方，太冲到酉卜同防。遇阴刑，入死乡，十中八九定不良。
小吉太常临巳午，木煞加之噎伤伍。逢劫煞，临其所，死丧之时由饥饿。
辛酉共逢贼下火，血肉身亡无避躲。庚辛逢，死道路，阴虎同乡亦有祸。
如克寅方先死父，若还克卯先妨母。神将加，结发故，干神相加与鬼伍。
下局生育父母精，阴阳和感腹中生。十月怀，女男分，须定刚柔配五行。
月将加临十二乡，一撮鬼镜别阴阳。贵青龙，虎空商，巳蛇雀勾后阴常。
日生男儿月生女，消息加临四位里。定颜色，时上许，五行富贵从中语。
临旺之方色分明，若逢衰败事不成。金言白，木言青，火紫中黄水黑因。
旺处显荣衰处贱，皆就阴阳仔细辨。旺聪明，衰陋断，水方金瘦土敦岸。

若逢败绝劫空亡，生育须防寿不长。

论飞符更年月日吉凶法第三十[①]

若说飞符日上推，便于甲巳乙辰知。丁寅丙卯须当起，戊丑己午庚未期。
壬酉辛申癸戌上，其神一干上居之。倘遇斯神同一位，骤然横祸有危疑。

飞符当推日上，甲巳乙辰可知。戊丑己午庚未期，丁寅丙卯无议。
壬酉辛申癸戌，其神干上居之。倘遇其辰同位斯，陡然横祸危异。

论丧门加年月日吉凶法第三十一

正五九当未，二六十辰推。三七十一丑，四八腊戌知。

论天鬼加年月日吉凶法第三十二

得春从酉起，三夏午方期。卯上逢秋住，言冬子位推。

论天罗地网加年月日吉凶法第三十三

日前一辰为天罗，对冲地网更无他。若加年月日辰上，囚讼灾殃病必多。

论游都鲁都吉凶法第三十四

游都鲁都法最玄，穿地寻尸见九泉。鲁都临处逢白虎，戊己原加辰戌间。
常将月将地分数，两位相逢远近看。此是孙宾真妙法，千金莫与世人传。

甲己之日丑为先，乙庚神后不虚言。丙辛长向登明上，丁壬之日在辰边。

[①] 即飞符加年月日也。

戊癸传送游都处，游都冲处鲁都安。要知贼伏藏人马，游都之法计推干。出入鲁都临定处，依前法或可通仙。

论支干数目法第三十五

甲己九，乙庚八，丙辛七，丁壬六，戊癸五。子午九，丑未八，寅申七，卯酉六，辰戌五，巳亥四。

此数本出太玄，凡课里有六里路遥、七里路边，准此支干数用也。

论占修造宅舍吉凶法第三十六

占问其家长行年，加宅神，视本命前五辰见煞神也。见魁罡不可迁移造宅凶。见功曹、传送、胜光、神后、大吉、小吉，宜修也。又当以家长行年，加神将。见魁罡，有病，主家宅耗散财帛。见从魁，主老小口舌，火光，妇人争财。见太乙太冲，主妇女争财。见功曹、传送，逸喜常不绝。见神后，盗贼死亡。见胜光，亦为喜用。见登明，忧财。见大吉、小吉，忧牛马及火光。①

论占宅内见怪去住法第三十七

当以月将加正时。若见白虎螣蛇临日辰，耗在门。若见大吉、小吉、胜光临日辰，耗在家。若见功曹、传送、太乙、神后临日辰，耗在家。若见天罡临日辰，耗在牛栏，六畜灾。若见登明、太冲临日辰，耗在中庭之左右。

论占家中百怪法第三十八

当以月将加正时。天罡加孟凶，加仲吉，加季大吉。又当以月将加正时，看神后所临，即知见怪也。

---

① 点校者注：通行本另有一段文字，今附于后。"更看今日何处动用起造，以方位为则，却用本日干辰。如旺相可动，刑克不可动。要本日与位相生，吉神临，并喜神助协，凡事吉也。又主荣旺，吉兆兴隆，如在空亡克战蛇虎之地和勾陈、玄武，皆主不利，及官司伤财，人口患病。"

神后临子，必是鼠或血光。临丑必是鬼作人形。临寅必是四足或木器转动作声。临辰必是赤色四足声音作怪。临巳必是釜鸣。临午亦釜鸣赤光。临申必是走兽。临酉必是飞鸟血光。临戌必是枭鸣狐叫为祟。临亥必是猪狗登厕，见明之物。卯与寅同。

论人行年运灾福法第三十九

当于人行年小运上行课，以神将加临，传成四课，以取灾福。若小运与课干相合最为吉，不合则否。若四位相生则吉，相克则凶也。又云：凶神凶将，以凶断之。吉神吉将，以喜断之。若运干课干相合，此运必获大喜也。

假令小运己亥课，见人元是甲，则甲己合也。如无干合次用支三合，亦为喜用也，以小运支课上将取三合也。

假令行年亥课上见太冲，或六合小吉太常是也。如无三合取六合，亦为喜用，以小运支课上将神六合。

假令行年在亥课，见功曹或青龙是也。

论推小运入式法第四十

甲子旬生人，男一岁丙寅，女一岁壬申，十岁到亥，男顺女逆。

甲戌旬生人，男一岁起丙子，女一岁起壬午，十岁到酉。

甲申旬生人，男一岁起丙戌，女一岁起壬辰，十岁到未。

甲午旬生人，男一岁起丙申，女一岁起壬寅，十岁到巳。

甲辰旬生人，男一岁起丙午，女一岁起壬子，十岁到卯。

甲寅旬生人，男一岁起丙辰，女一岁起壬戌，十岁到丑。

假令甲午生男，一岁起丙申顺行，二岁丁酉，十岁在乙巳，二十乙卯，三十乙丑，四十乙亥，五十乙酉，六十乙未，六十一岁到丙申，六十二岁到丁酉，六十三岁到戊戌，六十四己亥，六十五庚子，六十六辛丑。其甲午生人属金，丑入墓，大运又在午，又是本命伏吟，丑午相害，见庚为人元，遁亥相刑，故己亥年三月二十八日申时死也。此为六甲旬头所起小运。其余命凡人起运，皆依次推之。

论小运行年灾福法第四十一

寅为元首号功曹，运限亨通位转高。上士贵人相接引，亲朋知友共相饶。
男逢此运防吊问，恐遇刑祸见天牢。此是运中灾福诀，后人留意细推褒。
卯为小运太冲官，此运居时魂不安。男子迍遭多疾病，须防官事横来愆。
事饶心神多恍惚，运神求财百事难。得病免灾须祷谢，更恐身归出路边。
辰为猛将号天罡，此运推移事不张。虽处边宫为地网，诸邪鬼怪作灾殃。
龙神土地俱递送，当家必定主重丧。修造迁移皆不利，急宜作法水中禳。
巳为太乙居斯地，多招疾病官灾至。邪魅时时作祸来，釜鸣屋爆居游逸。
祭灶须祭血腥鬼，看看又恐阴灾起。如离此运急须迁，合有相当财禄喜。
午为离地胜光乡，此运求财百事强。论讼入官须得理，参贤谒贵遇侯王。
经求通达过前载，来岁又加大吉昌。修造切须宜大忌，除非作法水中禳。
未为小吉多啾唧，此运田蚕可盈溢。百事经求宜避往，求财慎守防偷失。
吊问尤增减省宜，凶灾免惹来相逼。后贤披阅细搜寻，此中灾福不失一。
申为传送在家凶，此运官私并不通。出外求财宜且喜，居家惟恐病疮痈。
造幡送去东方吉，逢着生财喜客躬。修造迁移切宜忌，堪居甲乙压青龙。
酉为白虎号从魁，鬼魅天罡终送灾。五鬼临门财物散，更遭此运大迍灾。
运中须逢牛马死，白虎时时灾火来。二月八月宜慎守，必为丧事哭声哀。
戌为天空号河魁，此运逢时亦有灾。闭塞不通多蹇难，看看刑狱压头来。
天罗遭遇身难解，地网沉迷未得回。男忌官灾忧疾病，女防生产损娠胎。
亥为阴鬼号登明，此运经求事不成。四足门前多作怪，更兼小口有灾迍。
暗被阴谋招口舌，时遭蹇难损资金。巳亥月日应须记，吊问宜防惹祸临。
子为神后太阴精，此运经求不称情。多半到门多是怪，日中失脱必奸生。
迁移修造宜多利，好事无谋主损因。子午卯酉休吊问，带将鬼祟入门庭。
丑为大吉且安然，十二年中到丑天。此运田蚕多称遂，今时福禄定高迁。
天后男儿逢必外，四杀阴人遇有愆。丑未月中宜避忌，遭他本命祸连绵。

论课见十干所主法第四十二

位至甲，喜庆婚姻官禄发。位至乙，财帛就亲书信出。

位至丙，家宅不宁文字损。位至丁，惊恐灾忧哭泣声。
位至戊，坟墓词讼争竞笃。位至己，酒食国园婚姻喜。①
位至庚，六畜道路死亡凶。位至辛，外丧死怪有虚惊。
位至壬，祭祀不行灾患生。位至癸，四足家中起惊狂。

论课见十二贵神法第四十三

见贵人，施德文流是贵人。见螣蛇，轻盈妇女好奢华。
见朱雀，巧诈美人情挥霍。见六合，功力阳人勾当杂。
见勾陈，下贱阴人家计贫。见青龙，公役阳人家足丰。
见天后，妇女邪淫过如狗。见玄武，阳人谋盗须防取。
见太常，贫薄老妇必乖张。见白虎，凶恶阳人持刀斧。
见天空，好美阳人无定踪。

十二天官知者希，贵神阳人得重威。螣蛇朱雀轻薄妇，六合男为功力儿。
勾陈配妇更贫薄，青龙官吏簿书司。天后太阴法重妇，玄武阳人斜眼窥。
太常妇人携酒少，白虎阳凶道路宜。天空僧道心好善，妙法须详不用疑。

论四课假令法第四十四

夫课以人元、贵人、月将、地分为体，四位之内察其五行休旺战争，取以论断，万无不验，恐后学不审，备搜群论，汇辑休咎，作《假令》。

假令壬申岁，正月初一日甲寅，巳时，酉位，登明将。

人元：　　癸　　水［人元生月将］

贵神：　　太常　　土［贵神克人元］

月将：　　太冲　　木［月将克贵神］

地分：　　酉　　金［地分克月将、地分生人元］

此课主人外路逢盗劫阴人财物。何以知之？四位内太冲，是贼神。《经》云：太冲劫煞伤人贼。太常是阴人，被太冲克之，无气。《经》云："太常阴

---

① 点校者注：此行官板无，据通行本补入。

人财帛喜。"问：因何失财？曰：其人在外，因酒筵上或中毒药昏迷不知，而盗乘机劫去阴人财帛。以太常被克无气，又见灾煞、劫煞故也。灾煞劫煞遇太常，财物当失两三场。更主酒筵毒药害，如在魁罡主此殃。孙膑云：未必然也。主其人因贼盗上发用动官，亦为过去事也。何以知？以人元是水，水亦为姓，姓属他人，被太常土克人元。《经》云："姓克但知官事起。"何以知为过去事？人元是癸，癸是亥之本身，今木旺则水休矣。又卯酉为门户，亥为门里。其人主现今其官事未绝。四位内见卯，卯为门户，事亦在门也，主先凶后吉。虽伤财，却身无害。今财帛虽被盗，后得地分又克月将，故失而还得也。何为不损身？以四重重克于外。《经》云："太常临卯是为财，盗贼口舌不为灾。六里路边逢羊兔，吃食花果在于怀。"

今以十二神煞排入课中，以俟高见发明，庶使后人校用。

假令：

人元：　　甲　　木　[人元遥生地分]

贵神：　　玄武　　水　[贵神上生人元、贵人下间克地分]

月将：　　传送　　金　[月将上生贵神、月将上间克人元]

地分：　　午　　火　[地分上间克将神]

此课主其家必有出外之人，亦主有病，更主家内有官事凶也。何以知之？为见传送乃是白虎之神，地分属火，火性炎上能克金，白虎无气，合主凶丧。白虎又主道路，合有人出外，今既有克，故主凶丧，亦有官灾移逃之事。《经》云："白虎当凶事不常，死伤道路见逃亡。临于本位重重失，入木口舌入火伤。"又曰："其家必有军人出外，或患喉疮，或是车碾以致伤命。"为见将神是金，金陷于火位，无所救援故也。且云："申临巳午军人有，客途车碾患喉疮。不止如是，且主伤阳人小口也。"以地分是午，午为阳火，上为玄武隔克，水性润，虽有援神，隔绝于外，不能救，故主伤阳人小口也。又主伤小小财物，更有带破之人，或患在目，形身眇小，面貌丑恶，必好作贼，主其家住河侧或近河。《经》云："玄武主凶家近河，水灾鬼怪及妖魔。出得儿孙多丑恶，贼来三度火伤多。"又云："玄武阳凶兵伏军，面小身微左眼昏。色恶唇粗形必丑，眼斜视物夜中人。"又曰："玄武阳贼眼斜窥，有人谋害见逃移。被人泥贼妻女走，鬼动神来无不知。"然此虽是凶神，却也先忧后喜。何以知之？为人元是甲，甲木为青龙，武水上生龙，龙木生火，火旺则有不测之喜。假令占来意，以何断之？曰：必是求寻一个阳人，应管作公人。为人元是甲，甲为功曹青龙之形也。《经》云："青龙官吏簿书司。"大抵贵神生人元，合主寻人。贵神克人元，便主官事。贵神克地分，主伤小口及破财也。假令出门，占主见何物？曰：必见凶孝之事，更见一阳人作贼，眉眼不正，又见一吏人，更主引带一人，必是兄弟。何以见之？以白虎陷于火，曰"烧身"，主死亡哭泣。玄武，贼也。人元甲为公吏，以水相生，故为兄弟。又曰：同类为兄弟。今水生木，应自生己者，宜详。假令见一墓，问下是阴人阳人？曰：阳人。何也？课内贵神、人元皆阳，而旺从旺断也。问：其人患甚死？云：是天行疾，主喘死也。四位内金受克，主喘。此但叙其概而已。其神妙者，更在人神而明之。

假令壬申日，巳时，未地，大吉丑将。

人元：　　丁　　火［人元生地分、人元克贵神］

贵神：　太阴　　金［贵神克月将］

月将：　太冲　　木［月将克地分、月将生人元］

地分：　　未　　土［地分生贵神］

此课主破财，亦主伤阴人小口。何以知之？为地分未属阴土，被太冲木来克，故伤阴人小口。破财，以地分为财帛之神，被伤故也。又主其家遭贼，亦主损却门户。歌曰：改户起移舡车损，自知兄弟各分张。盖太冲盗神也，克地分，故被贼。然被上太阴克之，主有阴人患病，是喘嗽兼卒患多自缢而亡。何以见之？太阴是阴人，丁火自外来克，太阴无气又无救援，须当厄矣。然必喘嗽卒患并自缢者何？以将是卯，卯仲神。《经》云："四仲卒患痛苦病。"又主其妇人淫邪，何也？以太阴当位，主暗昧不明之事。有克，主夫妇不和，休离之象，阴人痨嗽自缢死。其死者妇人也，更主好貌洁净。歌曰："太阴闲雅好丰标，性缓清声乐艺高。形瘦面方眉眼细，梳妆浅淡忒妖娆。"此须是豪家之人，故从此断。

假令登明将，辛酉日，巳时，午位。

人元：　　甲　　木［人元生地分、人元克贵神］

贵神：　天乙　　土［贵神克月将］

月将：　神后　　水［月将克地分、月将生人元］

地分：　　午　　火［地分生贵神］

此课主兄弟数少，只宜孤独也。盖同类为兄弟，此四课内无同类故也。主其家父母、子孙俱无，以生我为父母，我生为子孙，今四位并无相生。其妻却主结发，以克我为官，我克为妻，四位重重相克，主妻结发也。设如论灾福，先以人元克贵神，上克下，主有外人来谋害自己。贵神克将神，主杀妻及伤财物，更主争田庄，又主官事牢狱。歌云：木来入土为刑狱，土行水上竞田庄也。更主有奸私讼狱词状动，只为水入土，又是神后水，故主奸邪词讼文状事，主不得理。以贵人为主，人元为客，四位内只见客旺主衰，所以不得理也。此课辨墓如何？曰：是阳人也。何以知之？为四课纯阳故也。据此课，又伤小口。歌云：见阳为阳阴为阴。又主其家即今有伤死也。卯为人门，子为天门，四位内只见子为天门。歌云：天乙被煞主灾同，贵人厄难有何通。神被将克家长死，神克妻儿哭泣凶。今有十二神煞同入课，为贵人上见灾煞。今将神是子，故申子辰劫煞在巳。即灾煞、岁煞、天煞、月煞、地煞、亡神、将星、攀鞍、驿马、六厄、华盖依次排之，其中紧使亦不过劫煞、驿马而已，宜详而用之。

假令甲木［客］、白虎金［主］、河魁土、子水［小口］①。

此课先以下克上，主官事发动，更主有人死在道路，为白虎临戌，戌为骸骨之神，亦主葬埋之事，主失了骸骨也。或四足失走，占怪亦四足走失，占病大凶。何谓官事发动？以贵神克人元。歌云：克姓故知官事起。此课又伤小口破财。大凡神将克地分，主伤小口破财。又主凶丧之事。何也？为将神在戌，戌是骸骨之神，又上见白虎，亦是骸骨之神。今白虎旺，故为阳人。临戌，是见两重骸骨神也，故主重丧。且占墓何如？曰：是阳人也。亦为四位内只见白虎故也。此课亦主大凶，何以知其然也？曰：白虎上又见劫煞也。盖寅午戌劫煞在亥，故曰白虎行来劫煞宫，必须丧失两重重。白虎当旺魁罡上，人元是木有深凶。

论四课之内吉凶尽课法第四十五

夫课者，论人元、贵神、将神、地分，四位内察其五行旺相内外，战争

---

① 人元克月将，贵神克人元，月将克地分，地分生人元，月将生贵神，贵神生地分。

善恶，怪梦不祥，惊恐贼盗，病患伤财，官事求财，旺喜婚姻，嫁娶邪淫，内外宅地，辨阴阳坟墓及出门见事，课父母兄弟、妻女子孙、过去未来之事，总关在此，尽理解之。

《经》曰：假令人元克贵神，主有人相谋害自己。贵神克人元，主自己欲谋害他人。皆立主官事。如将神地分同克贵神，主卑幼谋害尊长；人元贵神同克将神，主伤妻及财物。如将神是阴支，主伤妻。如将神阳支，主伤男子。如将神克地分，主伤小口。如地分是阴支，主伤阴人小口。如地分是阳支，主伤阳人小口也。

大抵人元是客，贵神是主，客为姓，主为家长之类。如贵神阴主阴人家长，贵神阳主阳人家长。贵神克人元，主主得理；人元克贵神，主客得理。如求财，最要主客和，则无疑得矣。若客克主，主求事难成，争而得之，或出不得也。主克客，求事不遂，当空手还，主斗讼官事也。如内战内斗，外战外争。人元与贵神相克为外战，故曰外战外争。贵神将神地分三位，不拘上下，若或相克，为内战，故曰内战内争。凡内外战斗，皆主斗讼相争也。

论四位相生灾福法第四十六

《经》曰：假令人元生贵神，地分生将神，名曰合局，主家富贵，亦主内外和顺。如将神生地分，主亲戚别离远行之事，如占财帛，必有大喜，亦主子孙荣旺也。人元生贵神，主有亲人来借物，或朋友来相访。如贵神生人元，主自己欲寻人，访之必见，若相克主不见也。如地分生将神，主家内有婚姻事，必主求就也。如将神生贵神，主有孝顺之男，及妻男合顺，喜庆富贵，大吉之兆也。四位自下，重重生上，主商途有喜。如四位从上，重重生下，主有外人，进纳财物，添进人口，亦主亲旧来相看，此课主有不测之喜。如四位自下重重克上，主家内有外勾里连，搬运财物，其家内亦主兄弟不义，亦主官事口舌，频频伤财，亦主出残害之人，及牢狱官事也。如四位从上重重克下，主其家多不义，多迍疾病，更主人来谋害家中人也。其家道不胜遂，人口羸弱，频有斗讼官事伤财也。

神课金口诀卷二

论四课内见五行法第四十七

《入式》云："四位内见二木，诸事难成"，又云："如见三木或见水，却主大喜"。问见二木如何？亦主官事缠身；又兄弟只管三人，并无父母，其兄弟三人俱各再娶，更无子孙也。问见四木如何？曰：主官事也。其家合主新盖房屋，家中缺乏，惟四壁而已，主贫乏艰难之若也。

《入式》云："二土比合迟晚看"，言诸事求就，虽有成而迟滞也。如四位内见二土，苟无克伤，但得比合，安得有滞？若神克之，主淹留。问：四位内见三土如何？曰：主其家合有丑妇凶恶，诸般求事不成，又主其家姊妹三人，亦无父母子孙也。盖同类为兄弟，生我者为父母，我生者为男女，克我者为官鬼，我克者为妻财。四位无相生相克，只有同类者，乃是勾陈太常土，即以言姊妹三人也。问：见四土者如何？曰：主无凶也。故曰：三土四土，丑妇凶恶。其灾福与上同断。

《入式》云："二金刑克都无顺"。二金皆凶神也，亦是白虎之位，兼主不顺。故其家饶舌斗讼，兄弟不义，妯娌不和。更金上见火克，主家死亡人口。问：见三金如何？曰：阴人淫乱，家宅不宁，合主门师禳镇其宅，亦主死亡人口也。亦主官司，其灾福亦与二金同断。问：见四金如何？曰：此位为纯金之象，主君不君，臣不臣，父不父，子不子；紊乱纲纪。其父母兄弟骨肉皆主不顺，最为大凶。

《入式》云："二火为灾百事残"，主其家有阴人残患，更主家内火光焚烧。若火上见二水，主有妇人产死。如二火在二水之上，夫妻不和，休离应之。问见三火如何？曰：主阴人官事，更主阴人残害也。此课亦主妇人持家，为纯阴之课，阴旺阳衰也。其家多生女，亦主外人持家，更釜鸣数次，见火光应也。问：四火如何？曰：二人为灾百事残，其三火已为甚，何况四火乎？

《入式》云："二水皆为大吉象"，谓见二水，为之大喜，亦不为灾。如上见二土，主伤阳人两口，破财贼伤。如上见二火，必有官事伤人。如上见二木，其家主出外求财大吉。如上见六合，主婚姻成合交关争役吏也。见青龙则为财矣。问：如见三水如何？曰：其家必有患痔漏童男，及有外贼伤财物数次，亦主水灾。此课大凶。问：见四水如何？曰：与三水同断，皆主大凶。

论占见人在家在外法第四十八

如将神加见四孟，主其在家，立于门前，必见之矣。如将加见四季，主其人在门里立，亦主相见。如将神加见四仲，主其人不见，或出或他托也。又云：如占坐立，二上克下，主其人在家坐；二下克上，主其人在家立。或不在家，更看游神也。申卯子午为四游神，如四神有滞者，出外寻人，必不见也。若见四游神，或下生上，或下克上，皆主移动迁移也。故曰"寻人只用孟仲季"。占病安能外此法，亦用孟仲季。占病如将神加时，传到本有位上见四孟主天行时疾，四仲卒患头痛，四季淹渐长患。故曰"金克即喘克土胀，克水产妇病来临"。且如四位内克阴，主妇人产难病。如四位内克阳，主男儿患水气、浑身肿或足肿也。其余克水克火克土之类，亦当消息推之。

论十二将神根由法第四十九

功曹者，古之太史。本宋国人，姓孟，字仲贤，欺客印死，十月寅日除功曹，知人官事口舌文字信息。天乙加临，主印信之喜。螣蛇，主惊忧后喜，孕生女。朱雀，远信火光。六合，婚姻不成。勾陈，妇女争讼。青龙本位，大吉。天后、太阴，妇人婚姻。元武，财喜不出。太常，阴破财。白虎，入家凶。天空，斗讼虚诈。功曹主文书、财帛、官贵、吏人、老叟、医士。见水火，清高上吉；见金，口舌失财人病；见土，官事是非。

太冲者，古之盗人也。本徐国人，姓姜，字汉阳，挠扰村邑为盗门户死，九月卯日除为太冲，知人年命盗贼门户分张事。天乙临门，贵人得财吉。螣蛇，火光文字官事，朱雀如之。六合，成就婚姻。勾陈，因田宅讼。青龙，立有喜至。天后、太阴，主婚姻百事成。玄武，贼动得财之喜。太常，外得阴财主孝。白虎，伤人、出外失财及讼。天空，求事不成，外讼勾连。太冲为劫贼、凶恶、门户、舟车、无徒之人。见水火，无事；见金，口舌失财；见土，官事牢狱。干克，门破追呼。见寅，兄弟各居。

天罡争夺角雌雄，本与河魁一例同。两将更加诸位上，必然斗讼入官凶。凡将行上下见辰戌临诸方位及临辰戌上，主有斗打见于顷刻间也。是为天之牢狱煞，乃斗讼之神。课内见此，发用必然。天罡吉，为医人药物，主人好斗争文状，凶，主无徒，为屠宰。见金火则吉，见水主争竞田土宅舍，见木主官司牢狱。

太乙主文书、梦寐，为阴人，主狡薄，好淫乱，为惊恐，主乞索。为火土窑灶。见土木则吉，见水主妇人病，见金主病迍蹇。

胜光吉，主文书、财帛、信息、鞍马。为人好利禄，主富贵。见土木则吉，见水失财、妇病、马死、贫迫，见金不足、灾病、惊恐不利。

小吉主妇人，为酒食宴会、婚姻喜美。见金火大吉，见水主争竞，见木官事破财、妻病不利。

传送吉，为行移奔走之神，主出外动移，为人官贵刚果。见水土则吉，见卯木主口舌，见火车辕道路损失，见火主人不足、灾病死不利走失。传送临辰丧失多，到戌争竞病官魔。远丧怪异鬼神呼，占病为凶怎奈何。传送临巳火中来，刑木口舌必官灾。逃亡者，因事胎，釜破门伤火损财。传送奔腾入火中，官灾口舌有重重。游行去，多蹇屯，车碾舌喉道路凶。传送金前变化多，无刑无克事消磨。丧孝事，重叠过，却于兄弟两谐和。①

从魁者，古之亡徒也。燕国人，姓孟，字仲任，逃亡客死，三月西日除为从魁，知人年命阴私囚死。天乙临之，因人得贵。螣蛇，悲泣。朱雀，远信临门凶。六合，婚姻成。勾陈，娼妇临门讼。青龙，财帛临喜。天后、太阴，妇人生产，阴人主家。元武，盗失，男女奸，徒刑，为兵。太常，得阴

---

① 凡申临处，便为行移神。若临寅卯，主伤翁姑，寅为翁，卯为姑，及破财。盖传送为行移神，车马号曰白虎，主远丧尊长也，且田蚕不成，占病主死，百无一吉。申到辰，主丧失，路行凶，主斗讼。申到戌，主鬼怪邪恶官事，病患死亡之兆。又曰：传送临金变化多般，或喜或奴（宜通怒）也。若传送无刑无克，主诸事皆喜，纵有祸亦消，先凶后吉，虽有死亡，却有不死之理，兄弟同和。一见天罡，斗讼立至。

人财喜。白虎，凶丧立至。天空，临门骸骨主火葬。从魁吉，主阴人清标恬静，钗钏酒器。见合主阴私，见水主口舌，见火主失财病患，卯酉相冲主休妻别离，见水大吉。

河魁者，古之亡奴也。晋国人，姓郭，字太宅，病死，二月戌日除为河魁，知人田宅骸骨事。天乙加临，犯煞凶。螣蛇、朱雀为盗凶。六合，争骸骨，或争坟。勾陈，奴仆杀害。青龙，贵人带犬入家凶。天后，主悲哭。太阴，阴葬喜。玄武，盗贼军兵讼凶。太常，阴财凶。白虎，刀兵斩杀重丧凶。天空，斗讼凶。河魁吉，为僧道孤寡；凶，主骗诈不实，亦为骸骨。克方，主失六畜。见金火稍吉，见水争田宅，见木官事牢狱。

登明者，古之狱吏也。鲁国人，姓韩，字燕七，坐赃狱死，正月亥日除为登明，知人县官田宅征召事。天乙临，贵人田宅讼。螣蛇、朱雀，信息病患。六合，交易喜，婚姻就。勾陈，阴人病，争讼田土。青龙，得财望贵人。天后、太阴，阴权，婚成，百事吉。玄武，现怪，盗贼无害。太常，悲泣。白虎，道路、病符，皆无害。天空，牢狱。登明主阴人婚姻，为乞索物事。见金木则吉，见土争竞，见火妇人病患，水上难产，水下吐血自缢。

神后者，古之媒氏也。齐国人，姓贾，字仲狱，欺诳取财而死，十二月子日除为神后，知人婚姻阴私事。天乙临，主贵人接引之喜。螣蛇，妇女悲泣。朱雀，凶丧信息。六合，成合交易。勾陈，绝嗣斗讼。青龙，望贵求财喜。天后、太阴，婚姻成，百事吉。元武，文状怪见。太常，失财，先凶后吉。白虎，望远信到家喜。天空，主田土，多凶少实。神后，为男奸淫，幸主妄想，亦主随波逐流。见木金则吉，见土竞争，见火患病。

大吉者，古牛圈也。郑国人，姓陈，字季贤，病死，十一月丑日除为大吉，知人年命忧喜，六畜田宅口舌事。天乙临，求贵禄立至，百事吉。螣蛇、朱雀临之，百事喜。六合，争讼凶。勾陈，男盗女奸。青龙，求进及财喜。天后，阴病暗昧凶。太阴，阴权财帛，进人口。元武，贼谋斗讼凶。太常，阴财喜。白虎，盗贼、失财、失四足凶。天空临之，四季相会，主杀害之凶，不则斗讼。大吉主人粗蠢，咀咒仇仇。若见金火则吉，见水主争竞田土，见木官事、阴病。

五行眷属第五十

生我为父母,我生为男女,克我为官鬼,我克为妻财,比和为兄弟。

五行例断第五十一

水加木,买卖婚姻官事足。水加金,文书远信酒食迎。
水加火,惊恐官灾心痛祸。水加土,防妻破财坏田土。
土加水,遗亡田土官不喜。土加木,卖却田园分产屋。
土加金,竞地争田坟墓侵。土加火,信息田园和会我。
金加火,丧却妻儿加痛苦。金加木,分财散产伤六畜。
金加土,土中金宝藏难聚。金加水,子孙喜事成行起。
木加火,多为子孙失小口。木加土,牢狱争财竞田土。
木加金,自家失物被人侵。木加水,益进资财事事喜。
火加土,争竞财气因妇起。火加木,朋友酒食远相睦。
火加金,病死伤亡官事侵。火加水,伤妻损财官事起。
金关木,少死劳伤续。金关金,离家远游行。土关土,黄肿生灾祸。
木关土,腰曲瘟癀伍。火关火,回禄难逃躲。水关水,背井离乡垒。
金关金,法场刑。火关水,换妻屡。水关火,人亡苦。土关水,瘟死起。

贵神所属第五十二

| 青龙阳木 | 六合阴木 | 朱雀阳火 | 螣蛇阴火 | 白虎阳金 | 太阴阴金 |
| 勾陈阳土 | 天空阳土 | 天乙阴土 | 太常阴土 | 玄武阳水[①] | 天后阴水[②] |

[①] 前法为壬子阳水。
[②] 前法为癸亥阴水,此所以不同。

四象第五十三

人元是干，为身，为我，为客，为君，为上，为尊，为长，为头，为高，为表，为夫，为长史，为外。

地分是方，为他人，为彼，为主，为臣，为下，为卑，为幼，为足，为低，为里，为妻，为下吏，亦为内将神，为财，为主事，为使令。

将所主第五十四

气见子，财帛运动时得已。气见丑，阴财田产宜去取。
气见寅，官吏文书事勾陈。气见卯，出入饮食文书耗。
气见辰，时有小人争讼频。气见巳，妇女宁宁思旧事。
气见午，血光惊恐时时睹。气见未，妇人酒食论情意。
气见申，亲宾远来道路因。气见酉，出外来来吃好酒。
气见戌，小人惊恐时时出。气见亥，家中病人身未瘥。

贵神休旺所主第五十五

凡四位内，皆以贵神为主。但看四位相生相克，或比和，或隔位生克。仍详何神最旺，见旺神，则知贵神在旺相死囚之地也。有位内之旺神，有四季之旺神，有日下之旺神，其相死休囚亦皆如此参考取之。

阴阳次第互用诀第五十六

凡将阳，用取阳为用；将阴，用取阴为用。阴阳之用值空亡，克煞为之虚用。三阴一阳，以阳为用，取象少阳，事在男子。三阳一阴，以阴为用，取象少阴，事在女人。二阴二阳，以将为用，随时阴阳，辨其静动。纯阴反阳，以将为用，方内之物。

解曰：宜主不宜客，利内不利外，城郭内藏之物，阳人出外，旧暗新明。

纯阳反阴，以神为用，方外之物。解曰：宜客不宜主，利外不利内，四远所藏之物，阴人回还，旧明新暗。发用空亡，事多虚假。五动空亡，多不成事。课以发用为由，五动乃发用之门，为万物本体，如不识动用之门及虚实相半，不能决也。

五动爻诵第五十七

干克方为妻动。歌曰：妻动干妻妾①，官财防损折②。占人人在家③，访人人不悦④。外边来取索⑤，卑下有口舌⑥。射物多翻正⑦，一边或有缺⑧。

神克干为官动。歌曰：官动利求官⑨，相逢禄位迁⑩。常人公府事⑪，有位望财难⑫。合得官中物⑬，休从外处干⑭。得财防暗损⑮，问病在喉咽⑯。

神克将为贼动。歌曰：贼动内贼生⑰，勾连诈不明⑱。损财卑幼病⑲，谋望必无成⑳。架构奸私意㉑，偷攘宛转名㉒。卦爻多暗昧㉓，病恐亦非轻㉔。

---

① 占事主妻妾。
② 有位求财不利而有损折。
③ 上克下，寻人在家。
④ 上隔克下，行必有阻，访人在家，主不悦。
⑤ 外来克内，必有人来取索，干预于我。
⑥ 卑下受克，须防口舌外来。
⑦ 射覆上克下，物以翻为正。
⑧ 下受克，物器一边有缺或无足也。
⑨ 官禄爻动，官职大利，若逢驿马，必然迁转。
⑩ 谓逢二马迁擢之兆。
⑪ 官爻克干，故常人有公府中事。
⑫ 有位不宜求财，财动克官故也。
⑬ 官动而逢合，官中财物可得也。
⑭ 人元受克，事在自己，不宜外求。
⑮ 我克外财，须防密失。
⑯ 上受克，病在咽喉头脸。
⑰ 内财受克，主阴谋贼生而盗财物。
⑱ 外勾里连，空诈不明。
⑲ 妻位受伤，卑幼灾患。
⑳ 神将战克，内主不和，谋望无成。
㉑ 妻财受克，必有奸私架构之事。
㉒ 妻财受克，或主淫乱，宛转偷攘，必有损失。
㉓ 内爻受克，主暗昧不明。
㉔ 内不协遂，阴小灾病，亦主非轻。

将克神为财动。歌曰：财动利求财①，占官定不谐②。家中人外出③，妻妾并身灾④。疾病忧魇难⑤，营求喜自求⑥。射物终有损⑦，职位恐多乖⑧。

方克干为鬼动。歌曰：鬼动忧灾怪⑨，官亨人出外⑩。争讼带他人⑪，乖戾因间外⑫。口舌共喧争⑬，冤仇皆损害⑭。人病物仰合⑮，家宅未安泰⑯。

干类歌

干克神兮来索取，临门亦主人害己。常人失财仕失官，求干不宜讼散喜⑰。
干克将求财不得，占者破财忧病及。将阳病生在本身，将阴灾病乃妻室。
干生神为外生内，助我物帛自外来。主家豪富饶生意，亲朋过访笑怀开⑱。
干生将兮内外和，人来干我喜多多。或将礼物来相馈，万事如春放笑歌。

神类歌

宛转和合神生方，小人时藉贵人力。神克方兮事晚成，隔手求财恐难得。
神生将也遂所谋，内外和谐两无尤。人将财物来助己，行人将至不须愁。
神仰生干事事昌，常人官府事生光。仕论官职人相托，所寻必获所求康。
主有人将物求我，或己将财求事良。

---

① 内克外，为财动，求财必得。
② 官爻受克，求官有失。
③ 内克外，主人外出。
④ 病非妻妾，亦自身有灾。
⑤ 神受克，病在心胸，无药可治，主难好。
⑥ 内克外，营求有喜。
⑦ 中受克，其物必有损也。
⑧ 官爻受克，故退失不利。
⑨ 占主灾怪及人。
⑩ 下克上，主事亨通，人欲出外。
⑪ 隔位克外，讼连他人。
⑫ 下犯上，卑踰尊，故曰乖戾。
⑬ 人无受克，事从外起，必因口舌致争。
⑭ 因冤仇而损害。
⑮ 方克干，病在目，下之向上，故曰仰合。
⑯ 宅舍不宁，人口未安。
⑰ 官爻受克故也。
⑱ 欲论者，官府中事。

将类歌

将若生干百事成，自己将财与贵人。父子相亲夫妇别，内和外畅富尊荣。
将来生方曰天覆，家人内合外助并。又主亲人将远出，帛财有喜庆兴荣。
将克干兮喜重重，求财有隔求名通①。

方类歌

方克神兮下犯上，损外财兮民告官。方生神兮和内外，求事隔手求财欢。
方克将时财散失，更防鸳偶伤折翼。又主其人欲远行，耗失钱财后复得。
方生将兮名地载，和合家人喜庆生。协顺兆逢饶富贵，婚姻喜美望谋成。

四象所属图第五十八

四人元	三贵神	二月将	一地分
客	主	己身	田宅
天	宰相	妻	子孙
君	臣	财	奴仆
祖	父	亲戚	鞍马
外	官禄	内	六畜

三动第五十九

方生干为父母动，印绶惟宜小干尊②。干生方为子孙动，吉处须云干子孙③。
干方比为兄弟动，比肩朋友事微迍。

---

① 科甲上榜，又宜远行。
② 卑幼求尊长，主大吉。
③ 有事求子孙，小吉。

五合第六十

神与干合为官合，仕人得之荣禄协。常人占之官事兴，惟利求官迁转列。
将与神合为正合，若占灾病那能脱。占婚和美求事成，道相依辅亲友合①。
将与干合隔合名，事体迟留为此情。内外相望须终美，有人接引事还成。
将与方合合云遥，凡事迟迟始若胶。以卑动尊小致大，与人共事路途饶②。
方与干合为鬼合，仕者升迁求官捷。又主忧患亲属睽，占病不宜因鬼合。

解曰：凡干支相合，乃天地阴阳配合之义，万物生成，吉凶全备。如甲己之日，五子元遁起时，则丙寅与辛未合，丁卯与壬申合，戊辰与癸酉合，己巳与甲戌合，庚午与乙亥合，辛未与丙子合。然支干在一旬内相合者，谓之君臣庆会；异旬支干相合者，乃天地合德也。五合之用事体，其为谋望有成。支干俱合，其物圆类。合中值空，物圆而中空。求事望而难成，合而不合，郁而不发，合中返分，亲人疏远，先合后离，亲而不亲，义而不义。

三合全身第六十一

寅午戌名炎上课，为财物文书喜美之合。忌亥子水为坏局，凡事望而不成。如人元是丙午，则为火局全耳。如人元是庚，则为鬼动克身。如是甲，为相生。

亥卯未名曲直课，为交易婚姻和会之合。忌申酉金为坏局，凡事望而有阻。如人元是甲，则为木全局耳。如人元是己，则为官鬼动论之。或人元是壬，为相生

申子辰名润下课，为行移干蛊争战之合。忌辰戌土为坏局，凡事望则有变。如人元是壬，则为水全局耳。如人元是丙，则为官鬼动论之。或人元是庚，为相生。

巳酉丑名从革课，为阴阳盈溢轻薄之合。巳午火为坏局，凡事望而有隔。如人元是辛，则金全耳。人元是乙，则为官鬼动论之。或人元是戊，为相生。

---

① 共为室家。
② 主人共相用事于道路。

解曰：凡坏局，下克上为迅速，上克下为阻滞，中间为之坏局，求事一半成也。凡三合，须待体式全备，吉凶祸福方可言之。克合、生合，亦以例推。如火局全而神将带壬癸水，为妒合，凡事顺中有阻，合而不合，易而不易也。其他三课以为官为鬼者，论四时休旺及空亡所值断之。凡三合，因变化而全体，切详日冲、月破、空亡、妒合，未可一概照合局全身论之，名曰虚一待用。

虚一待用第六十二

寅午戌合为炎上课，虚一位为炎上破体课。亥卯未为合曲直课，虚一位为曲直破体课。巳酉丑合为从革课，虚一位为从革破体课。申子辰合为润下课，虚一位为润下破体课。

解曰：凡课三合从化为之全身，有二字虚一字者，谓之破体。如凡课有戌午而无寅，取寅年月日时为应期。或有申子而无辰，或有卯未而无亥，或有酉丑而无巳，凡人占望事，须验其远近，如远则年，次则月，近则日时，必待此虚一字透出，共成三合，则行人至，谋望成，此为虚一待用，为课中要论，不可不察。若有日冲、月破、空亡、受制，又当推详而论之。

三奇德秀第六十三

甲戊庚为德全课，乙丙丁为奇全课。

解曰：凡三奇全，利见大人，万事吉昌，支辰和协，上下有转，三奇德秀，多吉庆，生贵子。

一类朝元第六十四

《经》曰："一类朝元。"一干见所属三支也。

如天乙贵人，占得此课，朝觐召对则吉，常人不宜，无发用生克故耳。凡十二位神将朝元，如甲见三寅、乙见三卯、丙见三午、丁见三巳、戊见三辰三戌、己见三丑三未、庚见三申、辛见三酉、壬见三子、癸见三亥，皆谓之一类朝元也。占事主重叠，闭伏不动，无荣无誉，阻隔淹滞，盖有比肩而无官父妻子，又无发用生克。若夫纯行，不同此例。

四位俱比第六十五

庚辛申酉金比西方白虎、太阴之象，值之主兵丧讼事，邪淫奸私，人口死亡，六亲刑克，家宅不宁，百事罔吉。

丙丁巳午火比南方朱雀、螣蛇之象，值之主有是非官司，灾祸伤残，釜鸣火光，怪梦惊恐，六亲刑克，居处不祥。

壬癸亥子水比北方玄武、天后之象，盖水性泛滥，值之主家计流移，奸私邪淫，蛊病水厄，寡妇孤儿，盗侵人害。

甲乙寅卯木比东方青龙、六合之象，值之虽吉，而无生克，主仁而无恩，有兄弟而无父母，重婚姻而绝嗣续，求望难成，无誉无荣，艰难乏用，凡百迟滞也。

戊己辰戌丑未土比中央勾空、魁罡之象，值之主事重叠，而无父官财子，亦无生克，是土无生育万物之功，故偃蹇难通，牵连不一也。

五比同类第六十六

干方比为正比，事在兄弟。干神比为近比，外事干己。方将比为远比，事在朋友。神将比为次比，事在门户亲属。四位比为合比，事在亲属叠牵。

干元领事第六十七

神干生将干，喜从外入；将干生神干，喜从内出。神将一干分局相生，有喜不成；神将一干合局相生，喜气重叠。神干克将干，祸从外来，论同贼动；将干克神干，事从内起，财动同占。

解曰：神将二干随支辰自相生克，主事交关往来重叠。神将若是庚辛金而克身，主家宅怪异，灾讼凶丧，以金为白虎故也。凡神将上所带之干，如六乙日见卯将，起五子元遁得己卯，神是朱雀，即壬午，遇有克比合，亦依前式而推来情可也。

五行气化第六十八

甲己化土，乙庚化金，丙辛化水，丁壬化木，戊癸化火。

解曰：凡课中虽不见土，若神将上遁得甲与己者，元气运化为土，当作土用，射覆则是土类，或物出于土中，占事则以为土亦有气，至土旺日时为应期。假令丁丑，课得甲巳戌辰，以五子遁至方位之辰，人元是甲，且甲木下生巳火，火又生戌辰土，只见土旺矣。又起神干见乙，将干见庚，则乙庚合而气化金，金生于土，切以人元之甲木被金之伤，又当详论。占官用以鬼论之，凡占仕则吉，官事则凶，余仿此，再加日辰、月令用也。假令甲己身见乙，乙庚身见丙，丙辛见丁壬，丁壬见戊癸，戊癸见甲己，名曰受制不化，妒合不化，非时不化，逢空不化，非其所不化，此五行奥旨也。

阴阳相生第六十九

《经》曰：假令甲木、乙草、丙火、丁烟，甲阳木而燥，故能生丁烟，乙阴草，能生阳火。阳产于阴，阳为父；阴产于阳，阴为母。若阳见阳，阴见阴，则是阴阳偏枯，造化危脆，似本盛而化繁①，伏密云而不雨。且如四维之寅申巳亥，四正之子午卯酉，于五行之相冲，于阴阳而不育。②《易》曰：天地絪缊，万物化醇，男女媾精，万物化生。且如三合之课，为阴阳合而生化也。凡五行生我者为父母，阴生阳，阳生阴，德合配偶，化育生成，乃吉福万全之课。凡课之四位，上生下，下生上，内生外，外生内，或二③位生一位，或一位生二④位，及往来或相合相恩者，此发用之美端，谋为之吉兆。（占者干事则成，望事则就）又曰：四位相生，万事吉昌。凡课五行相生，虽曰有白虎、朱雀兼劫煞、魁罡之类入占，彼虽暴恶之资，皆入相生和气之中，

---

① 一本作木盛而花繁。
② 占此者顺中有隔，吉中有危。
③ 一本作三。
④ 一本作三。

则革面顺从，遇恶而逢善地。殊不知克则为仇敌，生则为亲恩，如乘合神，为福愈厚。

四位相生第七十

《经》曰：假令人元生贵神，地分生月将，名曰合局。① 如将生地分②，如贵神生人元③，如人元生贵神、神生方④，如地分生月将⑤，如月将生贵神⑥，如四位内上爻次第生于下⑦，如四位自下重重生上⑧。

四位相克第七十一

《经》曰：假令人元克贵神，主有人谋害自己；贵神克人元，自己欲谋害他人。⑨ 如将与地分同克贵神，主卑犯尊；如人元与贵神同克将，主伤妻损财。⑩ 大抵人元是客，贵人是主。客为异姓，主为家长。如阴贵神，是阴人家长主事；如阳贵神，是阳人家长主事。推休旺老少。如贵神克人元，主旺，主得理。人元克贵神，客旺，客得理。

四爻生克颂第七十二

吉能克凶事将空，凶能克吉事难集。方来克将钱财散，将若克方斗讼生。位来克客人寻己，干若生方己谒人。二上生下财满箧，二下生上子孙兴。又曰：凶神受克，忧患消灭。吉神无伤，吉庆繁昌。人元不伤，争讼理长。人元受制，争讼无气。主休客旺，我短彼长。位强身弱，我忧他乐。又曰：四

---

① 主家富贵，亦主内外和顺。
② 主亲戚远行，或身及财帛，主称遂。
③ 主自己欲寻人，访之必见。
④ 亲人来借物，或朋来相访。
⑤ 主婚姻事，谋望有就。
⑥ 主妻贤子孝，富贵荣昌。
⑦ 主有外人进纳财物，添人进口，六亲俱来相访，有非常之喜美也。
⑧ 出外商途有喜。
⑨ 皆主官事。
⑩ 如将是阳支伤男子，将是阴支伤妻妾，将克地分伤小口，以属断之。

位相生百事吉，四位相克百事凶。阴多阳少男为事，阴少阳多女子因。① 颂曰：人元不伤，争讼理长。人元受制，争讼无气。② 客若克主，是干克神也。③ 若主克客，是神克干也。④ 但人元与贵神相克，谓之外战；将神与地分相克，谓之内战。⑤ 如四位从下次第克于外，⑥ 如四位从上次第克夫内。⑦

应期合德第七十三

其一，天地合德。如甲子日，课得戊辰将，顺取癸酉月日时为应期。又甲戌将得己卯合，庚子将得乙丑为合之例。

其二，取将干近合为应。如六乙日，得戊寅将，即以癸日时为应期，不必待天地支干全合也。又如甲子日，占得丙寅将，近取辛未日时为应期可也。干合者，五合也。

其三，取奇合为应期。甲戊庚、乙丙丁也。若课将干有甲戊而无庚，至庚日必应。有丙丁而无乙，至乙日必应。此三合，如命家虚拱暗位同。

其四，取三合为应期。课中若有寅午而无戌，在戌月日时必应。有巳酉而无丑，于丑月日时必应。有子辰而无申，必应于申月日时。有亥未而无卯，必用于卯月日时。即前虚一待用之说也。

其五，支六合应期。六合者，子丑、寅亥、卯戌、辰酉、巳申、午未也。如月将是寅，取亥月日时为应。是卯，取戌月日时为应。余仿此。如占行人望事，若旺相带劫煞及天驿马者，逢合即至。如远则年月，近则日时，取合为应期也。解曰：应期取三合、三奇、六合、干合者，盖取用于所占之课月将与神也，神若得日不出日，得时不出时，止取其近合也。

又法：课得前一辰遇丁甲者，三旬已内，逢本日将为应期。课得后一辰

---

① 解曰：上克下为入，官事起家内。下克上为出，破财当向外。上生下，他人征用自己。下生上，自己征用他人。阳象入阴，是阳神阳将加临阴位也。阴象入阳，是阴神阴将加临阳位也。三上克下，家事之课。三下克上，出行之象。主用旺相，吉凶力旺。主用休囚，吉凶力弱。

② 如求财，最要主客和合，则终无疑阻矣。

③ 求事难成，争而得之，或出于不得已也。

④ 求事不遂，当空手还之。《入式歌》曰：客克主兮来索物，主克客兮客空还。二说相同，亦主争讼事。

⑤ 凡外因外事，内因内事，皆主口舌是非，灾患伤财。

⑥ 主其家里勾外连，搬递财物，亦主家人不和，官事口舌，伤财刑狱之事，或出残疾之人。

⑦ 主其家不义，多饶疾病官事，外人来谋害内人，或家道不称，人口羸弱，兼之斗讼伤财。

逢丁甲者，二旬已外，逢本日将为应期。① 如本位上见丁甲者，取日近本日将为应期。假令十一月下旬丑将、乙卯日、巳时、未位，癸水、甲申虎金、卯己木、未土。此课前辰申位上见甲，三旬内逢本月将为应期。本课以乙卯日起五子元遁，己卯将上白虎带甲木，是将与神干甲与己合，只取日近遇本日之将为应期，不须待三旬也。

凡占以用神上临所主为月期，以今日喜恶之神为日期。吉课以今日生我之神为爱，凶神以今日克我之神为恶。

阳神取绝日为验，阴神取墓日为验。谓发用神之阴阳也。以末传为结局之期。凶事散期，取末传冲处。吉事成期，取末传合处。全在变通。看旺相休囚。至于三合课，以墓为期。三合少一辰，以所少辰至为期。然必察其用起何神。神起太岁，则应在岁内，月建应在月内，日干在本日，旬首应旬中。若非旬首，而如丑日用寅，应在翌日。得交气之日支为用，应在本气。用得候首，在五日内。用得四立日支，在一季中。用时，则应在八刻之间也。

歌曰：求财长生至帝旺，更加墓库亦同期。空手鬼爻同此断，博戏生旺亦同推。若问六甲分娩日，帝旺长生沐浴时。行人问归生旺墓，若问他来合是支。子孙生旺病当瘥，鬼爻墓旺病身危。失物只看财有气，旺相方所日时随。婚姻人元内外旺，或然贵神用为仪。求官须用官鬼旺，文字还寻朱雀司。官鬼墓绝官事了，若还生旺正相欺。谒见神将合时会，官爻子孙亦随宜。阴宅客发为动候，吉凶主静不差移。

贵神休旺第七十四

六合青龙木为主，绝在申兮并子午。螣雀原来是火精，卯酉亥上无气处。太阴白虎是金神，祸败须防子午寅。玄武天后藏于水，卯酉巳上不堪论。更有天空及勾陈，太常天乙相为邻。四神是土同水断，天官休旺得其真。

关隔锁第七十五

酉上见木为关，卯上见土为隔，卯上见金为锁。寅卯酉为关，戌加卯为

---

① 是丁甲，取甲子周数已外，逢本日将为应期也耳。

隔，酉加卯为锁。

占者行人不通，远人不至，因禁难脱，病孕阻隔，访人不见，逃亡不还，占物有隔，占事有阻百事迟留。

关上见金为斩关①，隔上见木为毁隔②，锁上见火为破锁。③

占者主囚禁得脱，孕病安，逃亡避罪。隔节开通，因事出行，皆为顺利。愚谓：用关隔锁小吉而不宜，若用斩关、毁隔、破锁而不吉，是贼上加贼，兵上加兵，伤如之何？有若取意详事及不用五行生克制化，是舍头目而取毫芒，宜详审之。

旬中空亡第七十六

甲子旬中戌亥空，甲戌旬中申酉空，甲申旬中午未空，甲午旬中辰巳空，甲辰旬中寅卯空，甲寅旬中子丑空。

旬空所主人情虚假，事不尽诚，闻忧不忧，闻喜不喜，求谋不就，望用无成，行人虚信，病讼无危，逃亡不获，失物难寻。又曰：凶神落空，凶事销镕；吉神落空，喜叶难逢；诸合落空，喜未符同；旺相落空，过旬乃通；财官落空，进取落空；鬼贼落空，虽凶不凶。

四大空亡第七十七

子午旬无水，寅申不见金。

假令甲子旬戊辰日课壬子癸亥，甲子、甲午旬课干神将方有水，是四大空亡。寅申同此意。凡有谋用，吉凶不成。

四绝第七十八

寅酉为金绝，事干文书道路。卯申为木绝，事干财帛车马。午亥为火绝，

---

① 申卯酉。
② 寅辰卯。
③ 申酉卯。

事因口舌取索。巳子为水绝，妇女男子道路。

五绝第七十九

将与神相遇为正绝，主事体尽绝，人会而散，夫妻离别，求事不成，占病必死。将与日相遇为遥绝，贵人不喜，官职退散。将与时相遇为次绝，主坐中时官人说断分散之事，器物损坏。将与命相遇为大绝，非时惊恐灾异，物破财散，旧事占动，进退不宁，占病必死。将与位绝、位与神绝名正绝，与次绝同断。

右五绝主事体断绝，人情离散，器物损坏，占病大凶。如卯申、午亥，合名合中有绝，然卯申为木绝，午亥为火绝，凡课中有金与水土未尝绝也。若有午卯为用，则主聚而复散，成而复败。若申亥为用，则主断而复续，失而复得。

四败第八十

水土遇酉木遇子，火遇卯兮金遇午。

凡四败如乘车，体则似因系拘缚之象，占主口舌忧挠，官府刑讼，惟宜捕捉，不宜占病。

月建旺相第八十一

月建，正寅、二卯、三辰、四巳、五午、六未、七申、八酉、九戌、十亥、十一子、十二丑。

一曰四时旺，春木夏火秋金冬水。二曰相生旺，寅卯得亥子水生，亥子得申酉金生，申酉得四季土生，辰戌丑未得巳午火生，巳午得寅卯木生。三曰随日神旺，如将神是寅卯木得亥子日，亥子水得申酉金类，名长生合旺，须日辰透出。

凡月建旺入占，主事旺相久远，吉凶力壮，或创立初新之事，亦主月内初新事，故月建出现谓之龙德①。凡神将建旺，物则盛大数多，人则壮健少貌，吉则为福愈厚，凶则为祸尤深，谋为有望有成，置立渊远。又曰：吉课逢生逢合，有初新财禄喜协之因；凶兆相伤相伐，有初新讼病丧破之事。又曰：吉有建将方显吉，凶逢生旺转为灾。

相者，寅月得卯辰将，卯月得辰巳将，辰月得巳午将，巳月得午未将，午月得未申将，未月得申酉将，申月得酉戌将，酉月得戌亥将，亥月得子丑将，子月得丑寅将，丑月得寅卯将，以将来有气而相也。所主将来已动望成，未就初新之事。又曰：吉兆福集于将来，凶应祸随于旋踵。八节建旺尤宜细详。假令辰月课得卯将，巳月课得辰将之类。原夫盛则渐衰，旺则渐废，所占殃虽危而渐瘥，事虽凶而渐退，或因病而重发，或事残而再来，占财吉而有凶，占事过而复起。

月破休囚第八十二

月破，正申、二酉、三戌、四亥、五子、六丑、七寅、八卯、九辰、十巳、十一午、十二未。

申破巳，戌破未，亥破寅，寅破巳，丑破辰，午破卯，酉破子，入课为用神，被月建冲破，谓之解神，亦曰四时空亡。主器物破坏，忧者散，病者死，事不成，财气无，妊娠孕育，囚禁脱离之象也。

休囚者，春土，夏金，秋木，冬火。入占，吉神值之未能吉，凶神值之未能凶，病讼忧危无咎，谋望喜叶不成，财浅薄而无多，物数少而细微，为有心而无力，事欲速而犹迟。

月厌者，正戌、二酉、三申、四未、五午、六巳、七辰、八卯、九寅、十丑、十一子、十二亥。入课为咒诅冤仇、禳魔不明之事。占病为连绵不愈，伏枕尪羸之愆。

岁君建破第八十三

岁君，年中天子之象，统领诸位神煞，主人君、大臣、大师、头领、家

---

① 谒望动为，吉凶立应。

长。入占遇年干同者，真太岁也，主尊长部官之事，仕人遇之，利见大人，有进爵面君之喜，常人遇之，有干于朝廷官府之事。若临门户、日辰、年命，主尊长凶，受克尤厄。若在功曹、传送，此年主出外。凡神将与太岁同者，主当年见理事。若六月以前，见去年太岁，旧年事。七月以后，见来年太岁，来年事。岁冲①与太岁相对，入课主道路音信，财物破散，家宅损耗。主半年间事，以岁之半也。谒贵不喜，求望难成，又主丧亡，冲破岁支，故曰岁破。岁宅者，岁前五辰是，入占主争讼田宅。若宅神受制，主灾祸惊忧。日建，将神与日辰同，所主一日内事。故曰：将与日辰同，灾祥百刻中。凡神将方位值犯休囚，而出现值日者，吉则助无吉，凶则助无凶。日冲②入课，主残器物事难成，人情不协动摇生。闻忧不忧喜勿喜，未决官司萦绕身。又曰：格局冲而不成，生合破而不用。旺相逢冲即废③，凶亦无危；休囚犯破即空，吉而不叶。卯酉为门户，或受克，或相加，家宅更变不宁。或改门，或修造，鬼贼不宜发动。又曰：凶伐临门而灾祸侵，吉合到门而喜叶至。

四象五行图第八十四

	干天干	神贵神	将月将	位地分
	天时	地理	人事	病源
木	风	林野	奢华	肝
火	晴	山岗	性急	心
土	云	坟岗	淳厚	脾
金	阴	道路	凶恶	肺
水	雨	河道	漂流	肾

---

① 一名大耗。
② 课中被日辰冲破也。
③ 一本作发。

干支生克所主第八十五

甲［生神将］，喜庆婚姻官禄发。乙［生］，财帛就亲书信出。
丙［克神方］，家宅不宁文字损。丁［克］，惊恐忧灾哭泣声。
戊［克神将］，坟墓词讼争竞笃。己［生］，酒食田园婚姻喜。
庚［克神将］，六畜道路死亡凶。辛［克］，外丧凶事有虚惊。
壬［克神将］，祭祀不行灾患生。癸［克］，四足家中惊怪起。

子［不克］，财帛动用时得已。　丑［不克］，阴财田产宜当有。
寅［不克］，官吏文书事勾陈。　卯［不克］，出入饮食文书耗。
辰［克］，时有小人争讼频。　　巳［合］，妇女迎迓因旧事。
午［克］，血光惊恐时时睹。　　未［合］，妇人酒食论情意。
申［合］，亲朋远来道路因。　　酉［生］，出入相逢吃好酒。
戌［克］，小人惊恐时时出。　　亥［克］，家中病人身未瘥。

五用法第八十六

三阴一阳，以阳为用。三阳一阴，以阴为用。纯阴返阳，以神为用。
纯阳返阴，以将为用。二阴二阳，以将为用。

次客法第八十七

法曰：阳将后三前五，阴将前三后五。课遇次客，换将不换神，更以人元上重建起数至本位也。

〇假令十二月壬寅日午时申位，将功曹，神玄武，人元戊，设有次客，又于申上坐，以十二月子为将，阳将合用后三，以酉加午数至申，则将是登明，乙丑以戊建之，即从甲寅起数至申上，则人元是庚。复有次客于申上坐，酉为将，合用前五，便以寅将加午数至申，则将是天罡。再以庚建，即从戊寅数至申，则人元是甲，而贵神是玄武，未尝易也。如是周而复始，一时可做十二课，至第十三却为初矣。

金口三传第八十八

金口三传，大六壬之一端也。诸书不载，而引为历家枕中之秘也。今详明于左，方用其传，以决初末踯躅之情也。

金口地分，以月将加时，再遁至地分，则四课三传明矣。假令壬申岁正月初一日甲寅巳时酉位登明将。

人元：　　癸　　　水（人元生月将）

贵神：　太常未　　土（贵神克人元）

月将：　太冲卯　　木（月将克贵神）

地分：　　酉　　　金（地分克月将、地分生人元）

于大六壬课而言，壬申岁正月初一日甲寅巳时酉位登明将，课式如左：

　朱 蛇 贵 后
　亥 子 丑 寅
合戌　　　　卯阴　　　后 青 后 青　　　　兄 甲 寅 后
勾酉　　　　辰亥　　　寅 申 寅 申　　　　官 庚 申 青
　申 未 午 巳　　　　申 寅 申 甲　　　　兄 甲 寅 后
　青 空 虎 常

月将加地分，而为壬申岁正月初一日甲寅酉时酉位太冲将，课式如左：

　勾 青 空 虎
　亥 子 丑 寅
合戌　　　　卯常　　　虎 蛇 虎 蛇　　　　兄 甲 寅 虎
朱酉　　　　辰亥　　　寅 申 寅 申　　　　官 庚 申 蛇
　申 未 午 巳　　　　申 寅 申 甲　　　　兄 甲 寅 虎
　蛇 贵 后 阴

课盘卯，旬遁而乙，若五子元遁例，为甲己还加甲，甲加子时，至酉为癸，则金口壬课人元一如也。盘式四课三传历历在数，而或换将移辰，再遁六甲，臆出枝蔓，以求造合，不啻南辕北辙乎？

神课金口诀卷三

论天官临十二位吉凶法第一

天乙临寅帝命恩，贵人文字犯宅神。射覆珍宝奇异物，路逢官鬼道游人。
天乙临卯兄弟乖，官事伤财又到来。射覆水生须细碎，逢医术士毂车推。
天乙临辰状落空，奸邪文字斗争凶。邀候兵官牛倒死，怀藏圆物及磁铜。
天乙临巳急书来，厨灶虚声怪见灾。射覆只言财宝器，牵牛骑马次相催。
天乙临午征召至，进禄添财福有余。占射宝珍神祀物，送迎官贵马驰驱。
天乙临未投友知，喜事诸般见不迟。怀里美香珍果食，路逢羊酒话婚期。
天乙临申贵客期，远乡书信带凶疑。路逢甲队兵官过，珍宝金钱药石资。
天乙临酉酒食排，商逢出入不为灾。射覆刀钱及盏镜，奴婢随求上任来。
天乙临戌官事灾，旧来沉滞再成乖。犬咬牛骡重接贵，怀藏药物及钱灰。
天乙临亥竞田庄，官事如何阴小遭。邀候花珍及孕妇，物为眼窍带刚圆。
天乙临子井神殃，猫鼠同行子必亡。射覆彩妆经妇手，逢人外死妇还伤。
天乙伏位课占神，惠泽迟疑铁狱囚。邀候双牛带花马，人持铁器道边巡。

论螣蛇临十二位吉凶法第二

螣蛇临寅文字忧，光影空中神树求。射覆花锦衣赤白，鹊禽斗闹吏人游。
螣蛇临卯为开窗，盗贼惊忧女病殃。邀候小儿三五个，怀藏果实草花香。
螣蛇临辰官事兴，好畜昏昧田土争。射覆瓦磁钱药类，路逢妇过见喧声。
螣蛇伏位梦中惊，鬼怪飞虫人病萦。蛇鹊空中争散乱，射覆蝇虫草木青。
螣蛇临午远信附，官事火光忧惊惧。邀候禽鸣游女逃，射覆绯红及翠羽。
螣蛇临未忧井灶，孤女财帛防失耗。路见妇女来迎人，射覆丝麻钱谷料。
螣蛇临申金器鸣，有人外病死紫萦。厨灶移断军人乞，怀中金石铁铜名。

螣蛇临酉主阴私，奴婢逃亡暗昧疑。占射钱刀针镜钮，路逢女主发悲词。
螣蛇临戌忧丧失，斗打冤仇何事急。邀候驴驮一小童，怀中砖瓦骨不觅。
螣蛇临亥贼盗忧，水火冲刑急讼愁。路逢乞丐并燕鼠，怀藏乞索匙铁求。
螣蛇临子急闭门，蛇鼠堂中怪现频。邀候同前依法定，怀藏尖细软花文。
螣蛇临丑防咒咀，火光烧宅邻丘仇。邀候园边逢二女，射为五谷铜铁求。

论朱雀临十二位吉凶法第三

朱雀临寅文字信，官事近呼役吏因。邀候见人随父母，课为花草赤衣新。
朱雀临卯信上门，火光口舌女灾迍。路逢夯床刺绣女，怀中果食味何新。
朱雀临辰事纷纷，谨望须防官事论。邀候逢人相斗打，炎刚破瓦赤花盆。
朱雀临巳口舌事，厨中火发病萦萦。邀候飞禽及小女，怀中杖物似龙形。
朱雀临午火光惊，信因官灾病缠萦。邀候倡优骑马过，飞禽怀里已成形。
朱雀临未争婚姻，阴人财帛女婿分。路上急逢尼女过，怀藏甘果赤衣文。
朱雀临申远信行，人亡官事怪妖生。邀候道中鸦鹊闹，怀中石铁事推明。
朱雀临酉妇损胎，火起厨房官事灾。口舌生疮头面肿，怀藏书册及赀财。
朱雀临戌贵家名，小人多事主喧争。兽驮飞禽人怪恐，骨瓦文书是此情。
朱雀临亥是非张，水火相刑夫妇伤。在路互逢禽打兽，怀藏尖细物非常。
朱雀临子主喧争，求事无成心痛生。禽噪高枝兽引路，射言毛羽黑灰轻。
朱雀临丑竞田庄，火烧舍屋厄桥梁。嫁妇担盘及送柜，射为毛羽鼠巢粮。

论六合临十二位吉凶法第四

六合临寅文契交，公私兄弟有呼招。邀候上梁新盖物，怀藏竹器把枝条。
六合临卯交斗争，成和来合巳两重。邀候担盘床重迭，竹罗盛果青柳松。
六合临辰契约交，争吏公私奴畜逃。邀候只逢车载草，射为竹器把枯梢。
六合临巳神宅厨，成就交关不义谋。见视携瓶并挈甑，射为木器火烧炉。
六合临午有追呼，文字交和望信书。怀里物红并赤果，妇人担水又推车。
六合临未和会亲，酒宴钱谷聚宾邻。邀候乐声祈赛社，怀中甘果带青根。
六合临申逃亡因，捕贼官司禁系身。邀候群车军伍过，钗环纸裹射如神。

六合临酉问易门，屋舍别迁更改新。来意只因争役吏，路逢刀剑镜钗论。
六合临戌斗争论，田土奸欺在四邻。习射伤人邀候见，怀藏卯骨刻刀文。
六合临亥产儿初，心在阴人欲见诸。水上见木还是木，路逢猪鬼担瓶壶。
六合临子见人难，求物参投事亦然。射覆花果及细软，路逢竹笼抱粘竿。
六合临丑求望情，咒咀争论百事萦。柜匣复随担笼担，盘粮斛斗铁铜名。

论勾陈临十二位吉凶法第五

勾陈临寅妇女亡，争竞田庄叶木桑。邀候妇女陈状立，怀中有土圆及黄。
勾陈临卯家不和，妇人家事得沉疴。邀候鬼凤飞鸟闹，怀中瓦器笔毛多。
勾陈临辰主争张，家宅不和田土殃。见畜屠家并血肉，射为砖瓦土圆黄。
勾陈临巳宅灶凶，怪动忧疑梦贼冲。见视鸣鸟空散乱，土中炉冶物中红。
勾陈临午文状争，争田竞土畜由行。路逢皮毛杀四足，器物包罗果食名。
勾陈临未子孙孤，嫁妇重婚妻失夫。狗随群羊驴负米，射为甘果食瓶壶。
勾陈临申必死伤，事占人口见逃亡。避罪不然争战事，车担牛驮炭石藏。
勾陈临酉斗还争，妇人作事不分明。怀中有物钱器镜，门前狞狗见人鸣。
勾陈临戌战斗争，坟墓迷亡子不兴。见视双庞奔人去，骨磁怀内土尘名。
勾陈临亥必争论，斗竞庄田有病人。伤人丝蚕还耗散，逢途还有石磁尘。
勾陈临子失财来，水道沟渠人损灾。邀候兔狐并死鼠，怀中刚物破痕开。
勾陈临丑争田园，分居新宅住不安。车牛载柜人担瓮，砖石怀藏比类看。

论青龙临十二位吉凶法第六

青龙临寅为兄弟，喜悦文书财立兴。邀候贵人乘马去，怀中有物铁衣青。
青龙临卯远信来，忧财文状后和谐。邀候草车逢术士，青红花木放钱财。
青龙临辰官司动，桑土钱值财词讼。怀中六畜文字争，路上公吏争迎送。
青龙临巳财忧损，光影飞虫神树俱。邀候带花二女去，射为椒果及花枝。
青龙临午书信情，文状争财役吏荣。邀候贵人发重妇，文章花果缕衣轻。
青龙临未欲求财，妇损祈神和会谐。邀候虫伤羊忽病，怀中衣物食中来。
青龙临申欲争财，出外商途贼截来。邀候官员远信急，怀中铁石宝金灰。

青龙临酉客上门，来意谋求财物因。邀候军乐及筵散，怀中钱宝与金银。
青龙临戌贵人迁，民庶占身财畜遭。邀候青黄猫犬过，射为印物小刀环。
青龙临亥欲游行，财物须防官事争。生产或将财进纳，路逢车马水中生。
青龙临子喜重成，妇女婚席见产生。买马辰中立神树，怀中花果食堪烹。
青龙临丑争名利，母亡官事财物滞。若言邀候与射占，图画神祇铜铁类。

论天后临十二位吉凶法第七

天后临寅财物交，婚姻和会富家豪。七里路边逢贵妇，射为草木彩花袍。
天后临卯妇外情，贼盗人亡官事兴。外妇人家蚕茧好，纯丝竹木带盐行。
天后临辰不可当，争张产难妇人伤。园丘瓮破遭水溺，木勺破罐刀具藏。
天后临巳宅血凶，水火相煎口舌重。宿病妇人心气痛，丝蚕减耗血财凶。
天后临午阴人灾，文状口舌事不谐。水死妇人忒心痛，出门又见妇悲哀。
天后临未家有井，后妇损儿许愿成。邀候群女临井畔，不然夯莱抱麻行。
天后临申儿诞生，妻生分难向外行。邀候妇人担小女，怀藏金镜及磁瓶。
天后临酉事不明，妻奴贼引出游行。婚姻喜庆占财吉，候射为情是此情。
天后临戌有争呼，钱财官私有外谋。邀候必逢担瓦器，怀中红碎药钱毛。
天后临亥到本家，钱帛婚姻射是花。望喜求官应不失，见猪形黑更无差。
天后临子喜神和，万事占之福必多。射覆定知青细碎，路逢酒器及师婆。
天后临丑后妇多，公私争讼及沉疴。射覆只言神器物，路上逢见害眼婆。

论太阴临十二位吉凶法第八

太阴临寅文字交，财帛虚耗有呼招。七里路边逢杀树，怀中金宝火全销。
太阴临卯暗阴和，女子私通盗贼过。六里内逢车载粟，射为盏托竹丝多。
太阴临辰恶人欺，作事难成百事迟。五里内逢屠户至，怀中金石物推之。
太阴临巳主凶丧，悲泣沉疴火发光。四里必逢丧孝子，射为钱铁盏磁缸。
太阴临午主喧争，官事阴私斗讼生。九里内逢风迅急，怀中尖物与金明。
太阴临未欲谋财，和合婚姻求祝媒。八里内逢三孝子，射为金帛在于怀。
太阴临申远行人，其家恐被贼兵惊。七里内逢军队过，凶死龙虎石金形。

太阴临酉落天星，占事民亡谋计精。六里内中逢二女，刀环钱物镜中青。
太阴临戌主争张，官事阴私妇女伤。五里内逢兵卒过，怀中钱镜药中王。
太阴临亥人图谋，阴宅小口外人居。四里途中逢一妇，手提衣物坐当途。
太阴临子忧胎失，盗贼邻欺文字匿。九里路逢一妇逃，怀中五谷文书觅。
太阴临丑咒诅巳，暗昧人谋灾祸起。八里妇女牵黄牛，铜铁怀中见底觅。

论玄武临十二位吉凶法第九

玄武临寅文状论，争讼托付鬼着人。七里树边见黑马，怀中竹木帛缠根。
玄武临卯盗贼来，求事难逢官讼灾。患眼缺唇六里见，发毛草木竹曾栽。
玄武临辰争斗击，恶人牵惹酒亡失。五里必逢持猪屠，射覆瓶壶盏药觅。
玄武临巳鬼怪动，死亡口舌及恶梦。四里乞丐及军人，射物灰石禽兽弄。
玄武临午六畜亡，官事口舌及见伤。九里逢马及惊斗，怀中羽毛笔文章。
玄武临未并院坟，财帛失耗惊鬼神。八里师婆道路见，射为盒子果中存。
玄武临申主逃亡，官事因争小道桑。邀候军人并死贼，怀中石铁炭中藏。
玄武临酉贼上门，死亡官事欲缠身。妻奴投井看应死，占射应藏黑石盆。
玄武临戌占墓丘，争讼贼伤死恨仇。五里有犬咬贫子，军人争战射毛裘。
玄武临亥死还生，虚惊后喜事还明。四里只见九人至，怀中有物黑兼青。
玄武临子到本方，鬼贼投井产妇亡。九里逢人来取火，堪食物雀鼠怀藏。
玄武临丑文状殃，贼谋咒咀争桥梁。八里见人逢水害，水土度量更求长。

论太常临十二位吉凶法第十

太常临寅号得奇，万事宜占只克妻。来意只因文契事，千般动用好行移。
太常临卯是为财，盗贼口舌不为灾。六里路边逢羊兔，果花吃食在于怀。
太常临辰财物交，恶人诋毁呈粗嚎。家中迟疑逢载用，药钱食物射难逃。
太常临巳妇人忧，井灶钱财散失愁。占病必除逢绢帛，钱财吃食果中求。
太常临午家吉昌，近来添买外田庄。家贫妇人道中见，女人头面及衣裳。
太常临未到家来，酒食财帛妇人陪。邀候阴人求子息，占财还是自家财。
太常临申必外游，商逢百事好图谋。假令贼劫人财散，寅外来欺莫自求。

太常临酉喜为财，阴人酒食婚会谐。六里出军逢赏赐，射为头面及金钗。
太常临戌贵家陪，民吏争财五谷灰。邀候犬衔破衣去，更看孀妇礼坟来。
太常临亥宅不安，争田竞土女伤残。破财只为神克将，亥加小吉必孤单。
太常临子与前同，宅中多出少亡凶。横死伤财兼患眼，射为衣盏物须红。
太常临丑家丰余，争讼孤儿外姓居。后妇虽多浑小事，家舍应被别人图。

论白虎临十二位吉凶法第十一

白虎临寅主杀伤，远人凶死病须亡。孝子军都逢七里，射为金宝及衣裳。
白虎临卯死伤起，人口不直休问己。官事贼人杀害伤，孝子丧车金木理。
白虎临辰必死亡，六畜相争坟道桑。五里逢人相斗讼，丝麻瓦布袖中藏。
白虎临巳甑灶鸣，脓血人亡痛哭声。四里逢人夺锅铫，砧刀金类事推明。
白虎临午凶孝余，官灾病患宅难居。九里路逢花马过，怀中尖破物何疏。
白虎临未主孤单，竞婚争妇病怎痊。八里羊俎逢孝子，怀中有物解方圆。
白虎临申武贵官，远事兵凶逃出难。七里异兽逢兵队，丝绸金石袖中看。
白虎临酉主死亡，不明暗昧有灾殃。六里只逢人远死，石金怀里或刀藏。
白虎临戌占骨肉，争张多为道田期。五里内逢人争打，怀中灰骨土烧之。
白虎临亥为之然，官事争讼断不偏。邀候登明无定执，怀藏察日看堪传。
白虎临子主逃亡，占讼难安官讼长。日是火神须见死，木为贼怪土争张。
白虎临丑得外庄，外人咒咀起官方。金木神同来一位，定知痛死被人伤。

论天空临十二位吉凶法第十二

天空临寅怪惧多，文书鬼怪出癫魔。七里僧来忽来马，毯瓶怀里射无颇。
天空临卯贼盗惊，门户开张屋爆鸣。六里逢车有破瓮，怀中圆物眼刀成。
天空临辰四足伤，恶人欺诈惹官方。五里驴骡三五个，瓮盆破损药应良。
天空临巳怪虚声，飞鸟毛虫官痛萦。四里瓮盆担已去，物因窑灶射分明。
天空临午不可当，惊怪文字官讼伤。虚诈不然见争讼，怀中无物手虚藏。
天空临未孤独郎，疾病官司亡失伤。八里逢羊僧孝子，怀中有物未堪尝。
天空临申道路乖，贼马忧愁恐祸灾。七里有车声闹响，怀中金器自窑来。

天空临酉失惊忙，六畜分张口舌防。六里有人将信过，如珠圆物铁为光。
天空临戌力斗强，四足人亡狱讼丧。五里驴骡僧或见，射为枯骨及馐粮。
天空临亥产生凶，争送钱财亡失空。邀候何临知边季，钱财乞索在怀中。
天空临子主奸讹，盗贼鬼神亡死多。九里空中见鼠出，物圆如镜似瓶锅。
天空临丑惊恐颠，贼火驴骡杀害冤。八里逢车翻在路，谷出铜铁隔衣言。

论功曹临十二位吉凶法第十三[①]

临辰戌：主官司文书动，争竞钱财马奴婢事。
临卯：主有同音争张奸私，来意只为修宅展夺事。
临巳：主远信悲泣，亦主灶神动。
临午：主有官事动及争文字，交加亦主追摄之事。
临未：主克妻，定有后妇。又主有文契及财帛争讼。
临申：主有婚姻，然媒人反覆争张损财，又牛马累伤。
临酉：主家散乱，各争役吏应之。
临亥子：主其家有人舍女婿，或外财。更宜六畜，又大富。
临丑：主有患脚及头目，破财，伤六畜。
临本位：主有神树动，其家新修屋舍，出高名人及役人。

论太冲临十二位吉凶法第十四

临辰：主巽宅巽墙根被车碾破、水荡出尸应之。来意为钱财。
临巳：主其家生小口，灶神动忧，人口散乱，或有光影。
临午：主有官事，急迫惊恐。
临未：主必有争张，伤妻财，散婚姻。
临申：主有车翻伤人，牛折左角。
临酉：主门户反覆，家内作声。曾三年内失锁一具。
临戌：主失骨殖，或争财，更主枷狱，兼四足走失应之。

[①] 点校者注：以下十二神临十二位，官板本漫漶不清，据《订正六壬金口诀》卷二相应文字校订。

临亥：不宜占宅，弟兄不义，破财。
临子：主妻女逃亡、出外渡河有灾、大子投井应之。
临丑：主父母患妻死、其家割卖分田土之应。
临寅卯：主门户作声，贼动两度，近东有枯井，主二女破家。

论天罡临十二位吉凶法第十五

临巳：主有兵鬼作怪，因而为灾，兼灶神动、人口灾、小女病。
临午：主恶信来、官事、口舌。
临未：主损牛羊及妻争财物。
临申：主外人争张、官私逃避、失盗田土之事。
临酉：主鸡鸣作怪，或火光发及有死丧、争财与铜铁。
临戌：主争讼、买卖驼驴。其家主有死亡之事。
临亥：主猪食其子，亦争讼惊恐。
临子：主争水道井池，或四足怪动。
临丑：主恶人仇恨起官事、兄弟不和主分张。
临寅：主有文状，亦主贵客不和，或马伤人亡。
临卯：主兄弟生分，同家各食，有不测灾祸，或相争奴婢。
临本位，主有井水涌入坟墓，生女亦主惊怪。

论太乙临十二位吉凶法第十六

太乙所临各位吉凶，与胜光同断。

论胜光临十二位吉凶法第十七

临未：主争妇女头面上物或争婚。
临申：主有死伤及钢铁鸣。
临酉：主有官事之争。
临戌：主文字信息动。

临亥：主有灾，官事滞，见血光。来意为心痛病。

临子：主有妇人产伤。

临丑：主文字暗昧不明。

临寅：主有文字动，或因花树争张。

临卯：主有信息，更主移宅两次也。

临辰：主有文字交加。

临巳：主厨灶内火发宅后有破灶。

论小吉临十二位吉凶法第十八

临寅：主有口愿许下及树神动。

临卯：主人邀饮，有财帛，或失牛羊及四足物。亦主妇人病。

临辰：主争田宅邻家财。

临巳：主得阴人财帛，更有小房富。

临午：主孤寡妇人掌家事，其家主阴旺阳衰。

临本位：来意占羊及飞禽，主婚姻事。

临申：主家长妇人生外心，因此破家及奔走远行。

临酉：主争财，更主丧事及有后妇出家。

临戌：主争财，墓葬不利，绝却子孙，破家，因后妇入室。

临亥：主杀三小女，又主猪食其子。

临子：主有鬼怪惊恐，多病。

临丑：主移宅两次，子孙少而多残疾。

论传送临十二位吉凶法第十九

临寅：主有尊长死亡。或无，父母迁移田宅，吉。

临卯：主无子孙出外，自将财物去。又移门失物损车。

临辰：主有客死远方，或剑下死，或是军人。

临巳：主家中灶鸣，及两度移灶，必主破漏。

临午：主其家出徒配刑人，及避官事走失。

临未：主有口愿未赛，更主随他人走。

临本位：主其家先祖得贵，或武贵死亡应之。

临酉：必主男子妇人恶疾声呼死亡应之。

临戌：主翻移坟墓，家出恶子孙，身短肥，不廉洁。

临亥：主折伤，六畜流移横死，又财不聚。

临子：主小儿鬼祟在家、子孙孤独外死之凶。

临丑：主人偷牛，三年内曾铜铁鸣，或四足怪及杀害。

论从魁临十二位吉凶法第二十

临寅：主其家被贼，开后门盗财物，或出自缢阴人，恶伤死。一入家内，有刀一口，曾伤人，其家必无尊长。

临卯：主有官事争，又主外人暗害家口。夜门金声现光影。

临辰：主争铜铁器物及文字动，主有争张事应之。

临巳：必主财物破损，小人索惹生事，阴人灾滞。

临午：主射白物。来意为心痛，又主孝服丧亡。

临未：主有羊酒食立应，宴会之吉。

临申：主有兄弟远出回家，或娣妹聚会，六畜吉。

临本位：主金声暗鸣，夜间被贼开房门奸妇女应之。

临戌：主伏尸在酉地，家不和，出恶徒，伤人男，患头目。

临亥：主婚姻成，产女，妻欲生外心淫泆。

临子：主夫妻分离。与亥同断，求财必遂，更主葬埋事。

临丑：主与比邻阴人相谋，盗卖他人土地、虚立文契之事。

论河魁临十二位吉凶法第二十一

临寅：主家有恶犬伤人，又主官事。

临卯：主怪起，或四足相赶入门及官事。

临辰：主有两次斗讼，又兄弟分争。

临巳：主灶神动，犬上屋作怪。

临午：主争讼口舌，信来当门，及有伤破血事。

临未：主犬咬羊，妇人病。占贵人有禄，后妇嫁，争婚姻。

临申：主有游子在外，亦主儒士。

临酉：主有不语人，亦主不明事。

临本位：四足走失因争，人出外。

临亥：主小女私通，又伤小口。

临子：主有贼怪，伤财。

临丑：主有贼怪，又主铜铁器鸣。

论登明临十二位吉凶法第二十二

登明所临无定，当与日神相合，以人元、贵神、地分定之。

论神后临十二位吉凶法第二十三

临寅：主财丰，六畜旺，出高贵役吏人。

临卯：有贼，神动缠缚，及死伤六畜。

临辰：主失四足，争婚姻，及人死、堂中怪现。

临巳：主口舌事争斗，又主不祥。

临午：主伤马损男，又主火光。

临未：主争财帛及文字契书。

临申：主有游子在外，又家中出儒生。

临酉：主有产生分离，夫妻反目不和。

临戌：主有水盆自破，黑犬自死，三年内子绝。

临亥：主有贼神动，妇女奸淫，有水穿破入宅。

临子：主子孙水溺死，神在朱雀也。

临丑：主争庄田及有患眼之人。

论大吉临十二位吉凶法第二十四

临寅卯：主母灾及伤牛，亦主患目，或有外游之人。
临辰戌：主争张咒诅及有仇怨争田土。
临巳：主争金银小口及禽鸟口舌。
临午：主惊恐、火发，亲眷仇恶，却宜田土也。
临未：主争夺他人麦豆，因怨恨兄弟不和。
临申：主有远行人，亦主争道及铜铁器物。
临酉：主家内不和，阴怀怨恨，妇女分张。
临亥：主有贼盗伤财物，或争水堰道沟。
临子丑：主争沟池，并小口主殃祟。

十二将神所主歌第二十五

寅功曹，孟春木，十月将，候小雪、大雪，数三七，三六九。
寅为功曹号吏人，临于申位必伤身。到亥便为猫入室，见戌还当犬出门。
功曹官吏簿书司，贵重清高富贵奇。大树老翁医药者，相生水火喜无疑。
见金口舌钱财散，无贵无官文学迟。若逢土上遭官事，四位之中仔细思。
寅为文字动官私，口愿神祇树影移。应在孟春甲乙日，贵人家长及僧师。
临辰临戌动官文，竞马争财夺奴婢。同音临卯主争奸，修宅来占怀夺意。
临巳远信起悲哀，更动中宫灶神忌。文字交争午上逢，追挕频频官事凶。
临未克妻曾后娶，讼由财帛券书通。临申牛马多番损，因婚财耗恶媒公。
家中散乱惟临酉，因应须知吏役中。临于亥子家有婿，富益外财六畜聚。
临丑患足患头目，破财伤畜多空费。本位树动家新修，必出高名后人济。①

---

① 临辰戌，主官事文书动，争竞钱财马匹奴仆。临卯，主有同音争张奸私，来意为修宅展夺事。临巳，远信愁泣，亦主灶神动。临午，官事动，及争文字交加，亦主追摄事。临未，来人克其妻，亦有后妇，又主有契及财帛争讼。临申，主婚姻媒人反覆争张损财，又牛马累砍伤。临酉，主家散乱分争，吏役应之。临丑，主有患脚及患头目人，其家主破财伤畜。临亥子，其家主入舍婿或外财，宜六畜，又必大富。临本位，主有树神动，及其家新修屋舍，出高名及后人。

卯太冲，仲春木，九月将，候霜降、立冬，数三六，三六九。

太冲本位后妇人，到于酉位必伤身。见临子位主见怪，居于宅位弟兄分。
太冲劫煞伤人物，门户车缸并桥木。见金口舌斗相争，入土伤官财事毒。
若逢水上吉人来，断此无凶乃有福。卯主伤人盗贼财，阴私抵拒口舌灾。
应在春分卯酉里，术人兄弟应时来。太冲临辰宅居巽，上墙根被车损因。
应水荡出棺尸来，来意为钱断然准。临巳其家小口屯，人口散乱动灶神。
有光有影时时现，临午官司急速惊。临未争张妻子死，财神耗散及婚姻。
临申庄角为牛折，主有车翻伤损人。临酉门户争反覆，家内尝闻有响声。
三年之内曾失锁，临戌应知财起争。骨殖失亡更枷狱，走亡四足不须寻。
临亥不宜占家宅，弟兄不义财破失。临子妻女有逃亡，渡河有灾犬井溺。
临丑割贾分田土，妻亡母患父应故。临于寅卯户有声，近东枯井祸从生。
两度贼来两度失，若生二女破家身。

辰天罡，季春土，八月将，候秋分、寒露，数五，一五七。

天罡到戌家不和，临于寅位畜伤多。见申奴婢须逃走，卯方病患肿疮魔。
天罡战斗争文状，医药屠厨凶恶人。金火相生为小吉，木来口舌弟兄分。
若逢水土争田土，斗打官灾寅卯刑。辰为斗讼恶人欺，家中不明妨财帛。
动在季春辰戌日，死亡人口竞田宅。临巳作怪有鬼兵，因而为灾联灶神。
人口生灾小女病，临午官非恶信音。牛羊损失因临未，更因财物与妻争。
临申逃避失田土，争张官事由外人。临酉鸡鸣怪事多，火光隐见且焚庐。
争财争物争铜铁，死丧匍匐可奈何。临戌死亡家有事，讼争买卖及驼驴。
亥猪食子兼惊讼，子争水道畜怪动。临丑兄弟主分张，更有恶仇起官讼。
临寅文契贵客乖，马伤犬死人凶灾。同家各食因临卯，争牛马及不测灾。
本位伏吟惊怪有，那堪井水入坟来。若遇妊娠生女子，如占疾病主生哀。

巳太乙，孟夏火，七月将，候处暑、白露，数二四，二四八。

太乙临卯蛇禽现，亥上釜鸣光在楼。午位女家招外婿，子午幼妇女先休。
太乙官事凶怪动，梦寐虚惊鸟雀鸣。妇人轻薄淫乱事，阴私传送走西东。
若逢土木为文字，金水阴灾病患凶。上克下兮为之产，下克上兮口吐红。
巳为忧虑失时惊，病临阴小影光生。四月朱门才始旺，梦魂厨灶釜虚鸣。
从化加临十二位，主占一与胜光行。

午胜光，仲夏火，六月将，候大暑、立秋，数二九，二四八。
胜光本位足资财，临寅必主名自来。申酉官灾须见血，子马马死产生灾。
胜光发用忧惊恐，财帛文书信息通。富贵生和鞍马事，宜居土木喜相逢。
若金若水迍遭病，马亡财失血光攻。水在上兮文书阻，若出公文水下从。
午马文状动官方，私阴信息定紫肠。卯到獯宾丙丁日，妇人鞍马血脓疮。
临未与妹争首饰，不然亦为争婚姻。临申死伤鸣铜铁，临酉官非立见争。
临戌文书音信动，临丑文书暗昧成。临亥来占心痛恙，阻滞官灾见血光。
临子妇人伤产厄，交加文字到辰方。临寅亦有文字动，或因花树起争张。
临卯移居今两次，信息传来自外乡。临巳宅后有破灶，火发须防厨灶堂。

未小吉，季夏土，五月将，候夏至、小暑，数五八，一五七。
小吉临戌女守孤，临寅还主病声呼。有气婚姻申酉午，只迎卯上出师巫。
小吉酒食来合会，婚姻妇女交易递。相生五谷钱物盈，和会阴谋无不济。
火金旺处喜相逢，寅木官灾百事废。若临水土竞田园，克者为无旺者契。
未主婚姻宴会娱，丧服口愿有年余。将到季夏看神断，井院风窗枉孤居。
小吉临寅神树动，口舌更连愿信重。辰争田宅与邻财，卯人邀饭财帛奉。
失亡四足与羊群，妇人患病尝憎憎。小房富贵临巳宫，阴人财帛得来丰。
到午孤寡因阴旺，妇人掌事立门风。本位意问婚姻事，占羊更卜飞禽丛。
临申主妇生外心，因此破家费金银。走失远行看送者，临戌墓葬绝子孙。
争财破产缘何故，后妻入室是其根。临酉争财并丧事，更有后妇嫁他人。
猪食其子加临亥，三女三人主杀伤。子上不堪生鬼怪，多病时时心悚惶。

申传送，孟秋金，四月将，候小满、芒种，数四七，三六九。
传送到戌为旺方，临子儿武乐刀枪。见午必主军人辈，到宅巳上患喉疮。
传送有人奔走出，本土相生人富贵。见火人灾病主沉，木来口舌凶悔至。
道逢车碾卯寅冲，问觅军人巳午是。申主往还宅动移，丧服官病有呼携。
土神吉将相生喜，恶主临申殃祸时。寅或无父尊亲厄，迁移田宅翻成吉。
临卯无儿将物游，移门损车财物失。辰主客死在远方，或有军人剑下亡。
巳主灶鸣移两度，漏烟破釜是行藏。午上避官宜走失，不然徒配主刑伤。
临未口愿未曾赛，随逐他人走外邦。本位祖先曾受职，破耗移居武贵亡。
酉宫男妇生恶疾，声呼丧死应坤方。临戌翻坟生恶子，短肥不义忘廉耻。
财帛不聚到亥家，流移横死畜生嗟。临子鬼祟是小子，子孙狐狗外亡嗟。

金鸣畜怪丑煞害，偷牛人在三年外。①

酉从魁，仲秋金，三月将，候谷雨、立夏，数四六，三六九。
从魁到午必囚宅，子位阴私祸更多。已上患痨元自缢，到辰须是出师婆。
从魁妇女索离休，火克阴私为此由。壮力女人多厚重，钗钏金银酒器求。
木来口舌阴私祸，见火迍灾损女忧。从魁财帛事不明，阴人媒保口舌生。
财散人离方始住，动在中秋辛与庚。临寅失贼自后门，恶伤自缢主阴人。
向年家内无尊长，家内有刀曾杀人。卯主官争人暗害，长夜金声光影怪。
临辰主争铜铁器，文动争张事应在。小人惹事在巳宫，财破阴人又病攻。
加午心疼兼孝服，射占白物或磁铜。羊酒乞食未方应，和会宴饮多吉庆。
兄弟远归申上酉，姊妹欢聚血财充。本位金声鸣暗里，贼入房中奸妇女。
亥妾外心淫泆成，更主姻联产生女。子亥同断夫妇离，亦主葬埋求财喜。
临丑同邻妇女谋，盗卖人地立虚契。临戌其家定不和，男患头风兼目翳。
出落恶徒且伤人，为有伏尸在酉地。

戌河魁，季秋土，二月将，候春分、清明，数五，一五七。
河魁到丑魇神藏，申上军人寿夭郎。辰位宅边枯骨犯，徒从卯上痛伤亡。
河魁讼狱畜亡游，僧道奴仆贵贱搜。见墓尸骸逢水竞，木遭刑苦主人忧。
生合金火贫而富，若见刑冲更主愁。戌为社魔宅为坟，须有官灾及病人。
元武更逢秋季里，神妖鬼怪哭声频。临寅犬伤及官事，申为儒士有游儿。
卯主官非兼怪起，四足相趁入门时。加辰两次曾斗讼，兄弟分争亦有之。
到巳灶动东厨怒，屋上兼之犬上驰。临午有伤皮血事，当门信是讼争持。
犬咬未乡妇女病，贵人得禄有荣施。更主争婚由后妇，子宫贼怪损家资。
酉主家有人不语，不明之事惹深思。本位走失四足物，因争人赋远游诗。
临亥须防伤小口，更奇小女会通私。到丑亦主有贼怪，又闻铜铁器长嘶。

亥登明，孟冬水，正月将，候雨水、惊蛰，数一四，一五七。
登明到丑病痿黄，到巳必主少阴亡。未上猪羊饶散失，戌方还出丑儿郎。
登明无事莫追求，乞索求财仔细搜。妇女无淫情性善，木金生旺美中收。
若逢土上争田地，见火阴灾妇病休。亥为高楼及岗岭，胎伤贼盗小口亡。
应在孟冬十月将，阴私鬼魅有逃亡。所临无定合日辰，神将人元地分分。

---
① 铜铁鸣，四足怪，三年内曾有偷牛人应之。

子神后，仲冬水，十二月将，候大寒、立春，数一九，一五七。
神后临酉见金神，到寅儿主乐工文。戌上中央为病患，后妇辰方绝子孙。
神后奸淫失望求，临子随波性逐流。若居金木重重吉，见土相争田与畴。
火入妇灾阴患病，血光惊恐理中搜。子为奸狡不明白，定主婚姻有暗隔。
必是仲冬十一月，不然人死更遭贼。临寅财丰兼畜旺，更主高贵役吏人。
临卯死伤惟六畜，缠缚由来动贼神。辰主人亡堂现怪，走亡四足争婚姻。
不祥居巳生雀角，眼患争田在丑村。加午马伤男儿损，又主火光惊四邻。
行来未上争财帛，更兼文字契书存。问申有子常游外，家中儒士诵黄昏。
酉主夫妻常反目，更主失散与离分。临戌三年子孙绝，自死黑犬自破盆。
水穿入宅因居亥，女泆兼之动盗神。本位子孙防水溺，朱雀投江是死神。
丑大吉，季冬土，十一月将，候冬至、小寒，数五八，一五七。
大吉到戌为旺方，丑上面丑肚脂囊。临卯必须头顶秃，青龙位上有牛羊。
大吉咒诅作冤仇，直蠢之人贵贱求。宜临金火生合吉，见水相争自有由。
见木官灾详上下，五行生克课中谋。丑主比邻桥梁间，上人进身小人闲。
必是争田竞宅事，季冬丑未日灾愆。临寅母灾或伤牛，自身患目人逃游。
辰戌仇怨争田土，或向争张咒诅求。禽鸣口舌巳家见，小口金银争两头。
未上争夺人黍豆，兄弟阋墙生恨仇。临申争道争金器，亦主家人在远游。
酉家不睦阴怀怨，妇女分张最可忧。亥主贼盗伤财物，或争水堰道和沟。
临子小口生殃祟，亦主争池与竞沟。

论十二将所主第二十六

亥为高楼及岭岗，损胎贼盗幼儿伤。应在孟冬十月将，阴私鬼魅有逃亡。
戌为社魔坟并宅，须有官灾及病人。玄武更逢秋季里，神妖鬼怪哭声频。
从魁财帛事不明，阴人媒保口舌生。财散人离方始住，动在中秋辛与庚。
申为往还宅动移，丧服官灾定不祥。土神吉将相生喜，恶煞临申有祸殃。
未主婚姻宴会娱，丧服口愿有年余。将到季夏看神断，井院风窗柱守孤。
午为文状动官方，阴私信息定紫肠。卯到蕤宾丙丁日，妇人鞍马血脓疮。
巳为忧虑失财惊，临病阴小影光生。四月朱门才始旺，梦魂厨灶釜虚鸣。
辰为斗讼恶人欺，家中不明防财帛。动在季春辰戌日，死亡人口惊田宅。

卯主伤人贼盗财，阴私抗拒口舌灾。动在春分卯酉里，术人兄弟应时来。
寅为文字动官私，口愿神祇树影移。应在孟春甲乙日，贵人家长及僧师。
丑主比邻桥梁间，上人进身小人闲。必是争竞田产事，季冬丑来祸殃攀。
子为奸狡不明事，定主婚姻有暗隔。必是仲冬十一月，不然人死更遭贼。
天乙干谒并求财，钱财信息征招来。文字贤人酒食至，寒热更兼头目灾。
腾蛇惊恐多怪梦，词讼因系火异光。门户不安官事到，头痛血疾定招殃。
朱雀口舌书信息，印绶女人兼怪异。钱财飞鸟入官门，血光仇骂惊忧至。
六合婚姻赏赐财，酒食交易合和谐。妇女阴私求事物，全身会众至亲来。
勾陈斗打主勾连，争财入官为宅田。逃亡捕贼妇人事，血光痛肿损天年。
青龙婚姻书信来，和合金玉及求财。酒食妇人及赏赐，寒热不定央使来。
天后妇人阴私多，衣服嫁娶不明过。酒食钱财水溺至，便利不定怎奈何。
天空妖祸虚诈因，流遣虚耗走失陈。夫妻离散阴私事，精怪孤独鬼乱人。
太阴妇女主虚姻，阴私酒筵闲匿因。因讼奸祸丝绢嫁，不明女子哭声空。
玄武盗贼遗亡由，夫妻离散走央求。口舌伏匿官事起，肠虚腰痛足不周。
太常和合酒食筵，婚姻会众征招迁。衣服钱财赏赐得，天神送吉福绵绵。
白虎丧门主痛哀，财散道路口舌来。斗打哭声剥啄事，官中见血谋害灾。

论贵神休旺见五行临本位逢劫煞所主第二十七

天乙贵人

主贵人事，统十一神。上生下，贵人有喜。下主上，贵人迁位。不然，大有喜庆。上克下，贵人离远游凶。下克上，贵人忧远信及有官事。旺贵人，增福迁升；相贵人，得大财喜；死贵人，丧无尊长；囚贵人，官事斗讼无理；休贵人，家内疾病难安。来意只为贵人尊长迁改之事。贵人吉，主人君大臣贤士大夫，为人厚重。相生，美庆印信文书得财。遇金火，主迁官进职；逢水，争竞；逢木，退职；入辰戌，贵人病不和，不治事，大吉同用。吉主桥梁、道路、僧尼、田宅之事，凶主咒咀、蛊魅、冤仇。为女婿、尊长。贵人临本位，加官进禄，不亦主家大富。有口愿未赛。贵人临劫煞值人元，歌曰：天乙被煞劫灾同，贵人厄难有何通。将克神，家长凶，神克妻儿鬼克雄。人元克贵争官讼,更兼父子不相同。魁罡土,与之逢,不有争也亦病凶。神到甲乙休会客,席上分争辰戌同。临水上,阴小凶,若居火位喜相逢。神临驿马添官秩,定知官事须得理。合青龙,居宝地,全必逢之多见喜。贵人克将阴小损,贵人受克灾病准。下克上,子孙逆,上克下兮妻财殒。日上克神当日事,月逢月内岁年里。四相生,多得喜,如逢相克灾横起。

己丑土贵人大吉所属:宫音姓、九八数、人君、贵人、尊长、珍宝、器物、锁钥、龟鳖、珍珠、喜庆、斛斗、鞋履、首饰、车轿、墙筐、紫皂、牛骡、风伯、雨师、神佛、宫殿、冤仇、坟墓、秃头、眼病、桑园、轿梁、吴地、扬州、星斗牛、一五七。

前一螣蛇

主灾怪,或火光、烧焚,又主虚惊恶梦。上生下,惊恐在后;下生上,惊恐在前,及妇残害,手足不完。相生,斗讼争酒食、惊恐、阴人死丧。囚主牢狱枷杻惊恐,休主疾病惊恐。来意只为妇人争张,纵不是妇人,亦必因之起也。螣蛇吉,主文章、喜美、公信、财物、酒食、梦寐。遇未好饮酒、女子轻薄;逢申金,逐人走失。凶,主娼妇、鞍马、虚声、病患、忧疑。落亥,有火光。见土木则吉,见水金主妇病,比和主忧惊。内战,内惊,外战,外惊,主官狱文状。临本位,其家饶残害之人,亦主火光釜鸣,主招入赘女婿,且专望书信寻人,亦主先凶后吉。太乙同用,主嫁娶、小儿、钱物、眼目、阴人为害、凶怪、非灾。劫煞螣蛇火焰凶,鬼怪颠邪兆宅宫。更主妇人心痛病,门椽屋爆影光红。

丁巳火螣蛇太乙所属:徵音姓、九四数、惊怪、取索、画图、斑点、炉冶、荧火、户、毁骂、釜鸣、轻妇、狂妇、蛇蚓、蝉、飞虫、乞丐、多言、花果、砖瓦、文字、盒、磁器、二四八、楚地、荆州、星翼轸。

前二朱雀

比①文字口舌,比和主印信之事,及信息至。上生下,文字暗昧不明,先忧后喜;下生上,有口舌斗争,不成官事。外战,口舌外至;内战,奸邪内

---

① 当作主。

生，家不和，破财应之。旺，主官事口舌；相，争财口舌；死，凶祸口舌；囚，囚禁口舌、牢狱之事；休，奸妇口舌，斗争立至。来意为官事，或见血光，同文字发动也，亦不宜问病。吉主救书、天恩、公侯文书、鞍马服色，有克主口舌惊疑、官讼虚诈、损财失畜、疾病血光之事。逢土木则吉，逢金病，逢水主女人产难，男子痔漏。水下，主吐血投井自缢而死。临本位，主妇人邪淫斗讼。若遇火在上，主事。临水上，主死亡病患。胜光同用，主远信、文书、朝信、火光、文字、忧恐、惊怪。劫煞朱雀斗争张，文字凶来官事伤。若见血光还应得，争妻竞妇女身亡。

丙午火朱雀胜光所属：徵音姓、七九数、二四八、词讼、鸦雀、果食、窑灶、道路、城门、口舌、三河、骑马人、妇女、文书、飞鸟、宫室、火烛、信息、血光、鸦巢、旌旗、霞雷、衣架、书画、苦味、神明、官、僧、周地、雍州、星柳。

前三六合

主议论、财物交易、荣华事，又主阴人喜美事，或妇人私情和合之事。比和，议论寄财物。上生下，出家人，心肝零落，先凶后吉；下生上，主筵会及人远行。外战，宜变作图，终①营即吉；内战，有阴人破财物，财不能聚管。旺，主成合婚姻；相，主官事昏昧，财争张；死，主报死临门；囚，主牢狱官事至；休，主痼患，亦主争竞钱财昏昧事。来意主官事寻人。临本位，主有妻家鞍马来到宅，其家主喜庆往来频频，常做吏人，兴工成，交易合。六合吉，主门户、婚姻、求财、交易、取信、成合、阴私、喜美、庆会，为男子，作公吏，为经纪，主媒人。凶克，有官追提，主媒人、吏役、小儿、交易、不明、女子损财、遇失产事。逢水火，为之有气；遇土，官司文壮；遇金，口舌破财。太冲同用，主车舡、缸瓮、门户事。盗贼临门、慈母丧亡、盗徒劫物、斗争损财，亦为梳门窗桥杆也。劫煞六合事急忙，公移牵惹斗争张。自家无事人欺辱，看取人元定祸殃。

乙卯木六合太冲所属：角音姓、八六数、门窗、木杓、木梳、手作、为妇、男女、街土、草木、兄弟、舟、车、雷、旛竿、香合、盘合、何姑、家

---

① 当作经。

母、竹、床、宋地、豫州、星氏房、三六九。

前四勾陈

主勾留之事。凶主争讼，比和主己欲谋害他人，争竞田庄。上生下，论讼有理；下生上，争讼田宅。外战，外人争；内战，在家争，主家不和，及人口患病。旺，主贵人争张，死亡畜产；相，主争张财物；死则坟墓争张；囚，主系狱讼争；休，争六畜。临本位，主争张暗昧之事，其家主贼盗财去，又主家有惊而不实。在门，主斗讼。勾陈吉，主官职、印信、公权、田宅事。阳用主贫薄，阴用为丑妇贪婆。凶主官非、病患、田土、文状、勾连、失走、两头、官事受克、口舌亡身、奴婢走失。见金，则大吉；逢水，争田；遇木，官事牢狱。劫煞勾陈入课排，上门子午必然灾。更主争论三五度，死亡人口犯神来。天罡同用，主屠狱、媒牙、鱼龙、寺观、坟墓、田土事、争斗之徒、文状、坟墓，主磁缸、瓮、坚硬方物、磁盆、麻衣、高涧、争陵墓麦也。

戊辰土勾陈天罡所属：宫音姓、五数、麦地、岗岭、寺观、丑妇、碾碓、磁器、僧道、候人、土碓、祇禳、斗竞、争讼、流血、屠宰、凶恶、杀伐、荤腥、坚硬、五尺、田园、皮毛、瓯瓮、破皮、灰盆、甘味、坟墓、郑地、兖州、星角亢、一五七。

前五青龙

主财帛喜庆。比和，主文字信息财帛之喜。上生下，主印信受钱财及珍宝异物；下生上，主贵人获福，外酒食欢悦。外战，外失耗财物；内战，内失耗财物。旺，主贵人喜庆；相，主求得财物；死，主失旧来横财；囚，破财；休，失财。临本位，主有财大喜。如旺相，主争财宝得理，其家主商贾富贵，此象有吉无凶。青龙吉，文书财帛，为人清贵，有官职，及舡车、园林、公信、酒食、婚姻、财宝等事。生，主迁官吉庆；克，凶，主哭泣、疾病、损失六畜、见怪、私情、官事急速。见水火则吉，逢金主口舌，失文书破财，遇土有官司。辰戌为牢狱，丑未为笞杖。劫煞青龙莫上门，火光流血或成迍。惊忧盗贼伤人物，狱讼纷纷死丧频。又死气青龙，主累世贫。功曹同用，主公吏、文书、衙院、老树、老叟、多髯、因争外财官事追取、木器、文书、笔物、火炉、医药、大树、勇猛、患眼、坟上林木。

甲寅木青龙功曹所属：家长、公门、角音姓、九七数、宝刀、剑气、香炉、神像、四角、山林、花木、丞相、夫婿、道士、贵人、长大、细美、人马、公吏、文书、火炬、火炉、财物、吉庆、宾客、酒食、信息、虎豹、猫儿、桥梁、神树、织机、棺椁、口愿、燕地、幽州、三六九、星尾箕。

后一天后

主阴私喜美。比和，主阴人筵会有孕。上生下，有妇人作念颙望喜庆；下生上，故友交知相见喜美。上克下，主妇奸诈；下克上，官事相争。外战，与外争张官事；内战，妇人逃走。旺，妇人宴喜；相，主妇人有喜事至；死，妇人丧亡；囚，妇人官事囚禁；休，妇人病。劫煞天后女人连，申酉临之事併然。忽然奴婢私逃走，人元克将破财嫌。临本位亥，主酒食婚姻，旺相，居家大吉富贵。天后吉，主赏赐，为女人，主良善，逢合主婚姻。见木上吉，凶主帏幌不明，走失婢子，脏腑有灾，师婆奸诈，淫私暗昧，失望。遇土，主争。见火，主病妇。神后同用，主沟渠、小儿、僧尼、妇女、奸私、淫乱及水溺。

癸亥水天后登明所属：羽音姓、五四数①、一五七、河泉、水滨、池井、沟渠、盗贼、文墨、石灰、木匙、图书、后宫、妇人、淫泆、梯棋、布帛、鼠、燕、蝠、水中物、大豆、乳妇、衣服、珠玉、聪明、胎产、泻痢、索子、齐地、青州、星女虚危。

后二太阴

主阴私蔽匿暗昧之事。比和，隐匿阴人之事。上生下，阴私喜庆；下生上，奸淫内至。外战，妇人因奸而逃；内战，主斗讼妇人谋害。旺，妇人外情阴私；相，主与妇人酒食相逃事；死，主丧死六畜；囚，死亡失财，盗贼谋害；休，病在阴人，又主阴人痨嗽自缢死事，亦主争田产。临本位，阴人争讼为不顺，以见二金故也。太阴吉，主女人沉静，为金银首饰、阴小财物、缎匹、阴私喜美；凶，主开箧、奸淫、逃亡、失财、迟滞。逢合，阴人淫乱。见水土，则吉；见木，口舌是非；逢火，灾病不利。劫煞太阴不可当，妇人

---

① 五四当作六九。

谋计事难防。不明暗昧临小口，将与人元莫犯伤。从魁同用，阴人、钗钏、酒器、阴私之事及夫妇分离索休。如被丙丁克，主逃亡奴婢、忧闷、金银伤损事。

辛酉金太阴从魁所属：商音姓、七六数、金石、珍珠、铜器、果食、碑碣、外亲、婢妾、妇女、门锁、口窍、相貌、阴贵人、街巷、小麦、刀剑、耳门、刀鞘、皮毛、人骨、鸽雉、卖酒人、碓磨、纸钱、白塔、痨瘵、钗钏、石仙、石柱、赵地、梁州、星胃昴毕、三六九。

后三元武

主盗贼远伏。上克下，贼从家生；下克上，贼从外来。外战，盗贼远行；内战，内忧贼发。旺，主盗贼动合得财；相，梦见鬼怪动，被贼伤财；死，盗贼死伤；囚，盗贼在狱；休，主失财，或损四足。贼神动，来意为事失财。临本位子，主有盗贼直入房，盗却衣物。临阳上，是男贼；临下是阴，女为盗也。劫煞元武凶事重，贼来谋害入家中。临未防贼临西走，贼神临虎杀伤凶。元武吉，干谒、贵人财物。登明无定，凶，盗贼、阴谋、奸盗。见火，主偷，克将失财，见金木吉，遇火妇人灾，土逢男子竞。受克，眼斜盼，路亡恶死。登明同用，主妇人病腰脚，走失凶事，或因豕致讼，渡河水溺。吉主征召文书。

壬子水玄武神后所属：羽音姓、六九①数②、梅花、帐幕、盗贼、亡失、取索、小儿、乞丐、哭、牢狱、赶猪人、醉人、庭廊、坑厕、酬酢、金笠、幞头、鬼神、画图、毛发、管钥、笔墨、观院、江河、楼台、仓房、麻布、绸绢、卫地、并州、星室壁。

后四太常

主衣服、冠带、酒食。比和，带花欢悦之美利。上生下，贵人赐酒食衣服；下生上，远人信息纳来财。外战，外有口舌，女人为灾；内战，内有口舌，并死亡人离财散，亦主妻亡。旺，亦阴人财帛喜；相，主阴人宴会；死，主阴人患病衰羸；囚，阴人疾；休，阴人淫乱。临本位，主有孝服之妇，或

---

① 当作五四。
② 一五七。

遇争斗，入逢欢乐而有喜，主一妇人财物之喜。太常吉，主女人能言语作美婆、婚姻、酒食、买卖，又主冠裳、问行、财帛、官职、爵禄、和合、筵会、赏赐、衣服。见金火二合，上吉，见水争竞，遇木官事不利，逢劫主毒药，更兼呕吐，见血光事。劫煞灾煞遇太常，财帛散失两三场。更主酒筵毒药害，如在魁罡主此殃。小吉同用，因有孝服，做七百日口愿、赛神祭祀、药物等事。

己未土太常小吉所属：宫音姓、五数①、遇会、庭院、垣墙、笙、醖气、女衣、酒食、印信、药饵、父母、羊鹰、甘泉、井、甘味、酒舍、寡妇、白头翁、食物、师巫、黄色、坟墓、笛、茶房、歌乐、幡子、道人、帘、秦地、雍州、星井鬼、一五七。

后五白虎

主道路事，及有出入人在外。上生下，主盗贼；下生上，主自己出行。上克下，主有人残疾；下克上，主有军人。旺相休囚克死，皆大凶。白虎吉，主道路动用、信息公牒、为人凶恶、眼黄项短；凶，主凶丧、道路、孝服、惊恐、刀剑、迁移、哭泣、怪异、灾害、血光、军兵、逃移、丧凶。临门，有人出外凶丧。见水则无事，逢木口舌凶恶，遇火死丧灾病。下克上，凶在外；上克下，凶在内。临本位，三子在外，卒难寻觅，其家主有官事伤财，及伤六畜，更产死妇人，大凶，无有一吉。白虎行年灾劫凶，必须丧失有重重。两虎常午魁罡上，人元是水有深凶。传送同用，出外，主远军，车碾凶事、流移走失、女子奔随夫婿走失、行程、信息。

庚申金白虎传送所属：商音姓、八七数、仙堂、神堂、道路、公人、碓子、刀剑、贵客、姜、产乳、城宇、死尸、田猎、经文、羽毛、猿猴、祠庙、音声、行人、远近、狮子、湖池、绢帛、逃亡、大麦、画像、疾病、死丧、军徒、凶人、兵器、石头、金银、纸布、蒜、星参觜、晋地、益州、三六九。

后六天空

主虚诈不实之事，亦主斗讼，又主出僧道。上生下，主有僧道在家；下

---

① 九八。

生上，有僧在外。① 上克下，主门鸣屋爆；下克上，主在外僧病。旺，主出紫衣人；相，主福上增福；死，主僧出外死；休，被恶欺凌，如更有克，亦主门鸣屋爆，因僧道夫事；囚，主官事。天空吉，主僧道、骸骨。凶，主骗诈不实，为奴仆、吏、小人。吉，亦主市井、财物、私契。见金火则吉，遇水主争竞，逢木主官司牢狱。临本位，主有孤子，及风魔人在家，家破散，子孙残病，阴人口舌，官事斗讼，亦主有虚诈不实之事。劫煞灾煞合天空，惊恐相生分外凶。若更人元来克将，望成求就在胸中。河魁同用，主坟墓田土不明之事，狱讼、六畜、坟墓、死尸。

戊戌土天空河魁所属：宫音姓、五数、五谷、磁盆、砖瓦、虚堂、僧道、善人、下贱、诈伪、欺侵、不实、牢狱、锁钥、数珠、鞋履、枷杻、田丝、瓦器、土堆、驴犬、孤寒、朝服、葫芦、狱吏、坟墓、天罗、寺观、岗岭、屠儿、鲁地、徐州、星奎娄、一五七。

---

① 原本讹，依他本校改。

神课金口诀卷四

茔地门第一

论金英课墓法

甲乙为林单见树,对冲金气一枝伤。丙丁旺处为高岭,逢水穿地近涧旁。
戊己基园坟垅地,见刑辰戌恶伤亡。壬癸旺处为潭涧,闻音旺相水流长。
看取周四十二位,酒寻主克细消详。

占外景

人元起到方位上,再起人元见十干。二木为林单为树,水为沟涧火为山。
庚辛为道纳音径,戊己坟墓又高原。空亡劫煞兼生克,用课临时子细传。

论内外景吉凶法

课园占景片时间,万里犹如在目前。贵神神祇小庙子,大树峰峦如盖悬。
螣蛇棘葛连根子,来岭横岗高下弯。朱雀鹊巢鸦窠子,盖池花果有朱闵。
六合幡竿并楼子,屏墙门外棹斜安。勾陈土堆坟边墓,四角深坑渠道连。
青龙怪树横风势,近前林浪上侵天。天后池塘石叠砌,萱草梅花梅更鲜。
太阴碑碣坟前立,石柱双双置两边。玄武河泉茔里泉,盗贼切坏墓头砖。
太常香台及醮器,树头纸赠挂财钱。白虎石羊墓旁卧,行人穿道向中穿。
天空枯树坟尖塌,邻近周围寺庙环。

课坟占墓片时间,万里如同在目前。常取正时加月将,人神将位手中安。
天乙神祇小庙子,大树峰峦如盖悬。螣蛇野葛悬藤树,来岭横岗高下弯。
朱雀鹊鸦雀巢子,盆池花树有物阑。六合幡干并楼屋,缺墙门外棹斜安。
勾陈土台坟边冢,四角深渠道坑穿。青龙怪树横风势,近泉树木上侵天。
天后池潭石叠砌,萱草梅花树顶鲜。太阴碑碣坟前立,石柱双双埋路边。

玄武河泉坟里出，盗贼曾揭墓头砖。太常香台及醮器，树头赠挂纸百钱。
白虎石羊本家事，人行斜道路横穿。天空枯树坟尖塌，邻近周围庙观滩。
此是端坐金口诀，宇宙乾坤掌上看。

论占地形吉凶法

寅为花树卯桥船，辰墓高岗巳涧泉。午岭横山未堰子，申河石道酉麻田。
戌骨臭秽破窑灶，亥地南边有水穿。子主地头如仰瓦，丑为平坡坤下轩。
此是孙宾地形法，辰用临时着意看。

寅为花树卯桥竿，辰冢高岗巳涧泉。午岭横岗未上堰，申为河渠酉桑园。
戌为聚秽乎尘上，亥地交差流水穿。子地又如仰龙势，丑作桑园墙麦边。
此是孙宾外景法，取用临时在意间。

论开坟所见灾福法

开墓见景亦殊详，开墓加时本位方。只看贵神临旺处，审其神理别灾殃。
贵神火上见光明，田鼠穿墓出傍厢。青龙水土生松桧，坟里横根在四傍。
螣蛇见木多蛇聚，上有孔窍透明窗。朱雀立木临本位，定知气出窑虫藏。
勾陈白蝟须逢土，火上占之闭墓堂。六合本位生根蒂，皆须残毁仍在岗。
太阴受克金蚕对，土色逢之金色彰。天后遇金坟有水，见木草生穿冥房。
玄武见蛇逢巳火，水败贼劫离砖床。太常白光为气现，土火同乡窗见光。
白虎火上尸合面，土上吞天死必伤。以此推详坟墓事，百发无差信法良。

开冢之法将加时，辨其示现本支基。戊癸合将土塞墓，乙庚配位白气翳。
丁壬合时蛇并鼠，甲己根枝穿骨尸。丙辛蛇侵尸作拒，五行相克验根基。
申酉端详毚雉虎，寅卯根枝似龙须。巳午热气宜为避，亥子蛇鼠好迁居。
上克下兮面合地，下克上兮头离肌。五行相克随时断，便是孙膑真秘书。

开坟之法妙通玄，月将加时方上端。看其神将量凶吉，贵贱推寻在意间。
天乙旺相合龙建，三公为事事不烦。螣蛇开墓虫满穴，必须家败妇人奸。
朱雀生光明蛛网，官事连绵子更顽。六合坟墓横根树，见水儿孙富有年。

勾陈贫贱伤残患，主出高官将相权。天后墓岗须见水，富家兴旺子孙贤。
太阴金箔贴轨土，或为衣祐富贵年。玄武蛇鼠人生盗，坟中水出久无官。
太常蕃芽蟋满墓，山上神竟妇女关。白虎土上毫穴孔，定知后代出官员。
天空坟塌穿为穴，土抹神吞骨不全。三公王侯堪用事，已外难升不尽言。
此是坐端金口诀，等闲休共小儿言。

课坟内阴人阳人

坟子数个或东西，南北冢子怎生知。排定亡人辨刚柔，刚日从来南起将。
柔日西北行将加，数至天官看前后。月将加头分神位，一倒天官是要知。
欲知地下阴与阳，便于日下认情光。阳日阴方阴即是，阴日阳方却是阳。
阳将阳神阳人冢，阴神阴将是阴人。一阴一阳难定夺，其须决断在天罡。
天罡临阴是阴人，天罡临阳是阳人。① 子寅辰地是阳位，更兼午申戌为真。
天罡若还临此地，定知坟内是阳人。丑卯巳却是阴位，又同未酉亥系阴。
天罡若是泊此处，必然茔内是女人。常将月将加时取，要行顺去逐时寻。
寻着辰上是天罡，天罡所泊值千金。

校正前歌

南北东西多墓丘，长眠男女问刚柔。刚日将从东南起，柔日将依西北游。
数至天官前后察，月将加头神位求。刚日阴方女子冢，阳方柔日是男丘。
欲知地下阳与阴，须将神将认真情。阳将阳神阳墓地，阴神阴将垒为阴。
一阴一阳难定夺，天罡临处分明说。临阴是女临阳男，此是神仙真秘诀。

论占别墓穴死因之法

人间天墓最幽玄，须切窥览古书看。月将加时看方位，便详临处课三传。
阳日阳方阴即是，阴日阴方其阳全。贵神富豪官人子，螣蛇鬼魅怪多般。
朱雀自缢兼投井，六合富贵四肢端。勾陈狱讼卒盗死，青龙患目肝病缠。
天后产死贫卒病，太阴暗昧犯私奸。玄武刀光血光死，太常药食打不痊。
白虎凶病恹恹死，天空风瘫癫病癫。

---

① 点校者注：他本另有文字，今附于下。

论金英看占墓吉凶法

○假令：登明为将，乙丑日申时，巳地课墓。

辛金

青龙木

传送金

巳火

此墓主绝两房，更主一房离乡。亦出军人，更主恶死或车碾也。此墓全为破败，兼无一房旺也。何以知？云"两房绝"者，此四位内见二金克青龙木，火又返克二金，又传送主绝，亦主为军人离乡也。○又云"并无旺"者，以四位内并无相生也。又主其家出一房，主刀伤死者，为青龙木被二金在上下克之。又白虎为刀剑之神，其神本凶，故主斩杀死，或见血光死也。○外景更用人元月建，假令人元是辛，故丙辛建庚寅、辛卯、壬辰、癸巳以推去。

课东北寅地

戊土

朱雀火

太乙火

寅木

庚墓干

庚为墓干，庚辛为道。寅地旧曾主有道子一条，见今耕磨了也。为庚为道属金，又见朱雀火，故云"今没了也"。其旧道上原有枯树一棵，其上必有窝巢，以朱雀临旺方是也。其树枯者，亦以金克故也。今此道却移在正东。

课正东卯地

己土

六合木

胜光火

卯木

辛墓干

卯地正北道上，曾有小树子一株，后来却偷伐了。问：何以知之？课内见六合，六合为树木也。此道子必在人家门前，或在庄内。何以知？曰：为见三重门也。卯为门，六合亦为门，辛又为门。故主如此。何言被人家偷伐了？以墓干见辛，辛属外人，又无相生，反为辛金克也。

课正东落南辰地

庚金

勾陈土

小吉未

辰土

壬墓干

辰地上见曾有干河一道，稀少有水也。何为无水？为四位内三土克一水，故云无水也。此河内有阴人小殡子一所，或两个。其人横死，或偷盗牢狱死，以见勾陈故也。勾陈亦为小殡子也。内有一阴人小殡。其人在生之日曾孤寡，小吉故也。此河今亦不在辰地，移在东南巳地。

课东南巳地

辛金

青龙木

传送金

巳火

癸墓干

前言辰地以三土克一水，故云无水，移河应之。此河今移在巳地，河内主有微水也。何以知？云：以壬为大水，癸为小水也。此河内亦有大树一株，荣旺也。必为神树，以见青龙故也。今木在水中，虽见二金不能伤，亦必有损也。

课正南午地

壬水

天空土

从魁金

午火

甲墓干

午地上有大树一株，其树不旺，为树上有一枝枯干，或斫却一枝。何以知之？云：此为见金故也，经云"对金枝损及皮伤"。何为不旺？为将神酉金，金能克木。此位亦有小道子一条，多是东西横者，以未土见白虎，白虎为道途了也。

课正南落西未地

癸水

白虎金

河魁土

未土

乙

未地上合有树木，却为白虎当位，主全无树木也。何以言之？云：为大金下克小木，故不能有树木也。此位别无物，只有骸骨一付，或有重丧，或有故墓，为将神见戌，戌为骸骨之神。贵神见白虎，白虎为孝服之神，亦为骸骨之神。此墓主其家绝后，其坟无主也。

课西南申地

甲木

太常土

登明水

申金

丙墓干

申地上合有岗岭，课此并无岗岭也。何以知之？云：为内见亥水，水能生木，木能克土，更上克下，故主如此。只有阴人墓子一所，为四位见太常，太常亦为小殡也。其阴人在生之日被人谋害，又主官事刑狱，其人必气死，或被药死故也。《经》云"太常食药打不全"，又占被病患，或主天行死，或因生产亡及腹胀而死。此详在占病法。

课正西酉地

乙木

玄武水

神后水

酉金

丁墓干

酉地见丁火，亦为岗岭之神。此位将神见子水，贵神玄武水，是二水克一火，所以并无岗岭也。只有河子一条，为地分酉金，又神后水，玄武亦是水，金能生二水大旺，故言有河也。此河主八年前一妇人投河。何以知？为墓干见火，火投在二水中，火又无气，又丁为螣蛇属阴，故为阴人也。又玄武又是贼水，所以此河主常损却妇人也。

课正西落北戌地

丙火

太阴金

大吉土

戌土

戊墓干

戌地必有大墓一所，主破一房，余皆旺也。破败者，其家出阴人残患，更主外人谋害，亦主妇人淫乱，或暗昧不明，以太阴被火所克故也。

课西北亥地

丁火

天后水

功曹木

亥水

己墓干

亥地上合有墓子一所，此墓主一房出官，何以知之？为四位内见二水，水为喜神。又将神是功曹，功曹为青龙，青龙为大喜之神，得水大旺，此为生气，故主加官进禄，亦有财帛之喜。此墓主葬六年后出一妇人投井也。何以知之？为贵神见天后，天后又是井神，人元丁火属阴，人元却陷于二水，所以投井也。故云"天后宅中有井凶"。又云"出患头目人或无头应也"，以人元为首，贵神克之也。亦主葬者有无头之人，占病在头目，此墓亦主水入山。

课正北子地

戊土

贵神土

太冲木

子水

庚墓干

子地有大道一条，次道边有小庙一座或寺，为见天乙也。故云"贵神神佛并堂殿"是也。

课正北落东丑地

己土

螣蛇火

天罡土

丑土

辛墓干

丑地上亦有道子通连子位也。又次道旁必有窑灶，以螣蛇当位也。故云"螣蛇窑灶近于庄"。所以有者，以其相生故也。

《神枢经》茔墓章

假令二月河魁将，二十四日巳卯巳时，有一孝子从子地来问坟墓如何。

甲	寅阳木 [克神、生将]
天乙	丑阴土用爻 [克方]
太乙	巳阴火 [生神]
子	阳水 [克将、生干]

断曰：此地必是庚山甲向，至西南高阜，坤申随龙而来，落穴在酉，前二四里有林木，本地有大树一株，后有河水。谓其家阴人主事，寡妇在堂也。

巳酉丑月有迁官之喜，行于亥卯未年必有内乱，伤官损财之祸，阴疾少亡之苦。其地水反山走，乌足为美。何以论之？曰：甲为林木，子为河水，用神乃阴，故主阴人当家。天乙丑土用神，巳火生之，决主酉年而有迁官之喜。流年若逢亥卯未助起甲木克坏丑土，主有谋官从外而来，亦主损财。又云太乙为之妇女，落于子水故，乃为灾。合于天贵，岂非奸邪？凡占课，相生则吉，相克则凶，其理自然。

大抵占茔地风水，法以甲乙为之林木，丙丁为之高岭，戊己为之土堆，庚辛为之道路，壬癸为之长河。见土，只云沟涧。神将二位若见辰戌，则是占坟。余占仿此。

占墓吉凶

克无旺有理何微，旺克宜将四位推。祸福吉凶如眼见，始知神妙泄天机。

解曰：白虎临四季土为坟茔，更有生旺又贵神临干得地，其家旺相也。见辰戌为高岗小岭，丑未近田园之地。见贵人、青龙，官员财豪之家。若见太常、大吉、六合，皆主买卖手艺经商之家。见太阴，主暗昧，出娼妓之类、不明之人。蛇虎主途路、孤寡、破落之家，常病缠绵。见天空，主孤寡螟蛉之家。勾陈主贫孤、军屠、破损之家。玄武作盗贼、损主、破败之家。朱雀出书生、秀士之人。宜生旺，不宜刑克破煞。占阳宅亦然。

占茔内灾福

一墓之内甲丙丁，只如平课加本名。要知穴下真灾福，甲寅乙卯支干并。
将生天官富贵吉，福寿添增子孙兴。天官若是生月将，妻子家道只平平。
人元三位相生吉，三位相克带煞凶。功曹患眼卯勇猛，辰戌贼人腰脚疼。
太乙血财文武位，午地人家兴旺中。未上孤老长者病，申家分离走无踪。
酉中自经外行去，戌位绝地夫妇茔。登明一病患头秃，子位先富后却贫。
大吉耳聋出军辈，仔细寻思莫易容。辰戌丑未子孙少，太常勾陈后妇多。
元武丑黑儿瞎眼，白虎受克士伤过。月将克地为人死，天官克将死亡呼。
天元克将为人损，看其刑克验真符。阴将克阳生重死，阳将克阴死轻迟。
此是六壬真妙法，莫遣凡夫取次知。

宅舍门第二

玄女射宅歌

月将加时寻子看，神后临处辨其端。寅为香炉缺不圆，从外将来不值钱。
临卯树影巽乾现，莫教四角树头悬。临辰妇女产女难，一道血光宅里缠。
临巳妇人手中物，养蚕虚耗更鬼看。临午有灶内不安，季夏乱患火侵天。
临未墓塌并灶叫，蚕虚婆婆守孤单。临申家中有龙剑，外来上面死气安。
临酉口愿不与赛，家中亡子索银钱。临戌辛下有骸骨，田蚕虚耗辛下看。
临亥鸡犬怪狂颠，乾下土瓦底不圆。临子乾上神不安，不是家神眼不圆。
临丑牛羊人横死，不镇子孙殃祸连。此是玄女射宅法，纵有千金也莫传。

占宅外景①

课宅之法妙通玄，月将加时宅头端。看是何神同一位，以次再加返来看。
克者必是移动事，相生有气宅主圆。孟仲季宅看临处，人元起对见方圆。
庚辛道斜坤艮位，壬癸沟涧河井边。甲乙为林单见树，丙丁旺处高岗连。
戊己宅园坟向北，须知十干仔细迁。土金水火为窑灶，庚辛碓磨及门窗。
子午正门并楼屋，四孟相临是草房。火旺高岗人最贵，与姓相生子孙强。
土旺重岗主坟墓，土木坟垅痛苦亡。四位相刑有灾祸，上下相生福满堂。
土为坤艮金乾兑，水火离坎必相当。木主震巽寻八卦，克宅必定有不良。
六合青龙甲乙树，对金枝损及皮伤。朱雀丙丁高岗岭，戊己高坟土岭岗。
庚辛为道看斜正，壬癸桥河沟涧详。要知四向看征对，湾岗曲折认刑伤。
上克下兮地必下，下克上时慢坡岗。命前五辰为宅用，命后三辰定是庄。
宅神上克中必起，人伤家破见逃亡。阳见阳支损小口，阴见阴支母命亡。
三下克上官事起，三上克下煞妻言。四位相生万事吉，见克被刑灾祸绵。
此是孙膑真甲子，天地移来掌上看。

---

① 与《璧玉经》内论贼所在之方同。

占内宅外宅外景

寅为火树花春发，见卯移门桥一边。辰为麦地曾争竞，巳地交差院水穿。
午为鸦鹊树长悬，未为井并小院连。申道斜穿坤艮边，酉地桑园近宅连。
戌为聚殿堆粪草，亥地墙边有水穿。子为菜地坡坑下，丑作菜园墙道边。
天乙神佛并堂殿，前一螣蛇窑灶事。朱雀空巢树里悬，六合树木看生死。
勾陈渠涧土堆滩，青龙神树并枪剑。天后水地并沟涧，太阳石磨共相连。
玄武鬼神并书画，太常五谷酒食筵。白虎道斜石狮子，天空庙宇及天空。

论玉藻课宅吉凶法

寅为大树花春发，见卯移门桥一边。辰为麦地曾争竞，巳主交流水院穿。
午为鹊巢悬树上，未申井道曲回环。酉为小院或是碾，戌为聚骨粪堆连。
亥地墙基曾有水，子作菜园冢下田。桑园桥道须逢丑，四望回环景见全。

论玉藻课外宅入式法

法曰：凡占外景，常以月将加时，数到本宅位上，见何将神，复以宅上所见之将神加于时上是也。

假如正月将，乙丑日巳时，申地为宅，行月将到申地上见寅，却将寅复加于巳时上，传成四课，遂为东南外景也。从巳立课十二位。

课宅东南巳地

辛金

青龙木

功曹木

巳火

寅宅支

巳地上有大树一株，上有枯梢，或干死枝也，合有花树子。何以知之？云：以寅为树木，又地分是火，木能生火，故为花树子。又上生下故也。有枯梢或干枝者何也？为人元见辛金，以小金不能克大木，虽上克下不能克了，但枯其梢而已。又云神树何也？为四位内见青龙，青龙得火，辛不能胜，所以有神树也。

课宅正南午地

壬水

天空土

太冲木

午火

卯宅支

午地上有木桥一座，但桥下无水。何以知之？为人元壬是水，却见天空土克之，故无水也。此地必有空穴、窑灶、坑坎。何以知之？云：为四位内见天空，亦为空穴、坑穴也；又主其地必坍塌也。为天空是土，将神是木，木来克土，土又克人元水，故有坍塌也。有木桥者，以太冲无克故耳。

课宅正南落西未地

癸水

白虎金

天罡土

未土

辰宅支

未地上必有麦地一段，或白地也。此地合主相争，今不相争者何？为四位内相生故也。但此地上曾有大道一条。何以知之？为贵神是白虎，白虎为道，此地亦有狮兽之物，故曰"白虎道兮石狮子"。

课宅西南申地

甲木

太常土

太乙火

申金

巳宅支

申地上合主有水，今却无水者何？以四位内全不见水，故云无水，亦不能有诸物也。

课宅正西酉地

乙木

玄武水

胜光火

酉金

午宅支

酉地上本有鸦巢，今却无鸦巢者何也？为四位内见人元是木，与胜光不相接，更水上克之，所以无也。故云"克者为无从旺断"，不然诸方位都有也。

课宅正西落北戌地

丙火

太阴金

小吉土

戌土

未宅支

戌地上只有枯井一眼，必无水也。为四位内全不见水，故名枯井。

课宅西北亥地

丁火

天后水

传送金

亥水

申宅支

亥地上合主有道，或有碾子，今不见者何？为四位内金不旺，却为人元是火，火来克金，故无道、碾也。以此证之，故酉院子、申为碾也。

课宅正北子地

戊土

天乙土

从魁金

子水

酉宅支

子地上合有小院子一所，今无者何？以神堂庙宇也。何为有神树、佛堂？以见天乙贵神堂位也。

课宅正北落东丑地

己土

螣蛇火

河魁土

丑土

戌宅支

丑地上只有粪堆一聚，以上下相生故也。或是聚骨耳。

课宅东北寅地

戊土

朱雀火

登明水

寅木

亥宅支

寅地上合主有水，今无者何？以人元土，土能克水，故主无水也。

课宅正东卯地

己土

六合木

神后水

卯木

子宅支

卯地上有菜园一所，此菜园主地低下也，为上克下主低下也，故云"克者为无从旺断"。今既受克，何以言有？云：子为大水，己为小土，小土不能克大水，更二木反克土，故云有水也。

课宅正东落南辰地

庚金

勾陈土

大吉土

辰土

丑宅支

辰地上主有桑园，或有土桥，丑为桥，此桥亦主妇人相争。何以知之？为四位内勾陈发用，故云"勾陈妇女爱争张"，主与同姓人相争也。

论玉藻课内宅吉凶法

寅为火炉卯为床，辰为盆瓮坠薄房。巳为厨灶并铛铫，午为衣架笼皮当。
未为中庭酉为院，申有神祠共佛堂。酉为镜子或刀剑，戌瓮仍兼吃物将。
亥为灯台并帐幞，盏瓶笼匣子为乡。丑柜斛斗在其下，家中器物尽能乡。

论玉藻课内宅入式法

法曰：以月将加时复加时也。

〇假令十月将，辛亥日申时巳地宅，巳上见登明为将，却将登明复加于申时上，便为宅中内景首课也。以此观之，内外景同为一法，虽神将同，其所主异也。

将神入宅内景

寅为火炉福神位，卯为床并门窗类。辰为磁盆衣麻物，巳为厨灶铛金铫。
午是衣架并笼床，未井小院及神祇。申为佛堂磁盏子，酉镜门窗碗瓶剑。
戌为盆瓮灰糠谷，亥是灯台并帐幕。子为瓶盏及镜匣，丑是柜槛并斗斛。
此是六壬真甲子，至今留下少人知。

贵神入宅内景

天乙神堂佛像言，珍珠钗钏异衣端。螣蛇花锦妇人帕，更有窑灶在其间。
朱雀笼冈或书画，氆皮毛獭架头看。六合盘斗角门子，木杓担子及为床。
勾陈盆瓮灰糠谷，破衣绵絮旧条单。青龙图画神龙树，钱镜衣衫刀剑端。

天后水盆瓶与盏，丝麻索子南菜园。太阴石头须有眼，古刀快钝在方间。
元武布麻细绢等，磁盆细盏在窗悬。太常倚壁刀枪立，悬索笛帘位上占。
白虎石磨及狮子，盏瓶瓦瓮在头悬。天空葫芦及经旧，铜盂数珠及幢幡。
常将此神合在用，颜色须求五子元。

课宅内西南申地

丙火

太阴金

登明水

申金

亥宅支

申地上主有橙树一棵，此位或是遮拦帐幕也。以二金生一水故也。

课宅内正西酉地

丁火

玄武水

神后水

酉金

子宅支

酉地上主有些小瓶盏，或是笼匣也。此物必主未上口子左右破伤也。何以知之？为四课内只见水，人元为头，金生二水克丁火，故主口子破伤。此位必有文书或图画，为见玄武无刑克，故主有书画也。故云"玄武鬼神并图画"。

课宅内正西落北戌地

戊土

太常土

大吉土

戌土

丑宅支

戌地上有斛斗或柜子，内必常有熟食可吃之物也。何以知之？为将神主斛斗及柜子。太常主吃食，戌又主吃食，故所断如此。

课宅内西北亥地

己土

白虎金

功曹木

亥水

寅宅支

亥地上主有火炉、床也。其火炉更无脚。何以知之？谓贵神是白虎金，能克功曹木，以上克下，故主无脚也。又且火炉被白虎克之，本合无，今言有者何也？云：以地分是水，水在木之根，亦为生气，安得无耶？此功曹有生有克，必主有而见其损坏也。

课宅内正北子地

庚金

天空土

太冲木

子水

卯宅支

子地上有床榻，此床无脚桄也。何以知之？为四位内贵神是天空土，却被太冲木下克之，此下克上，故主无床桄也。又云卯为床，却被庚在上遥克，亦主无床桄也。设若庚为贵神，则主有床桄矣。又云：此床是外人家借得来，或是盗得来，此床见今主有人就门来索，何以知之？为四位见卯，卯为门户；又人元见庚，庚是白虎，太冲与地分子有盗之象。又白虎为外人，外人隔位辟门相克，故主有外人就门来取索也。

课宅内正北落东丑地

辛金

青龙木

天罡土

丑土

辰宅支

丑地上有盆瓮薄坠之物。今位内见青龙木，木能克土，更是大木在上克之，所以无一物也。此位只有神位或功德，何以知之？为见青龙，青龙为树神，只为故旧破碎。何为见此？以青龙木克二土，上又有辛金克之，以小金不能克大木。木虽主有神象，但主故旧破碎也。今青龙为人元所克，此神见金不能宁，家亦不荣旺。

课宅内正东北寅地

庚金

勾陈土

太乙火

寅木

巳宅支

寅地上主有厨灶，此灶置起，主阴人频相争。何以知之？为四位内见勾陈，其神本凶，故曰"勾陈妇女爱争张"，被地分木遥克之，所以频相争也。又灶主曾见火光烧着人来，何以知之？为人元是金，金亦为凶神，被太乙遥克，炎上之性有所附着，又木下生之，所以发火光烧着人也。

课宅内正东卯地

辛金

六合木

胜光火

卯木

午宅支

卯地上主有衣架或皮血也。此位更主有门户应也。何以知之？为见六合，六合为门户；人元见辛，辛亦是门户。此门必主破坏。何以知之？为六合是门，被人元相克；辛金为门户，亦为胜光遥克，所以皆主破坏。如无门有窗，亦同。

课宅内正东落南辰地

壬水

朱雀火

小吉土

辰土

未宅支

辰地上必有小院子或有筐子。此院子内必有财，被贼来剜墙，伤着主人也。何以见此？为贵神是朱雀火，课内人元是壬，壬是玄武盗贼之神，亦是在外之客，却被外来克内，客来克主，故主贼伤主也。然有院及筐者，以火生二土故也。

课宅内东南巳地

癸水

螣蛇火

传送金

巳火

申宅支

巳地上合有佛堂或神祇，今却不在此位者，被妇人移在他处也。本位在西南地。何以见此？为四位见二火入庙，金受克，火为纯阴，又上下相攻，所以神不能住，故移之申之本位也。然此神无功德，更被妇人烧着，今见破损。何以见之？神佛是金被螣蛇所克，螣蛇又主阴人。地分亦是螣蛇本位，所以主曾烧着破损也。以两火克一金，合主无神佛，今却言有者，何也？盖螣蛇与巳火皆为一家，巳为阴火，阴小火也。其螣蛇又被癸水克之，火势无力，故虽克之不能尽也，但主破损移位而已。

课宅内正南午地

甲木

天乙土

从魁金

午火

酉宅支

午地上必有破镜子，或不全折缺刀剑也。此物原是贵人或官员家将来的。何以知之？为四位内见贵神，当于本位天乙者，亦是贵人官员也。然主破缺者何也？以地分火克之，所得物是贵人，今亦休败矣。何以知之？人元甲木，下克贵人，故主德不称而死也。

课宅内正南落西未地

乙木

天后水

河魁土

未土

戌宅支

未地上主有盆瓮或食物，今不能完具矣。何也？以土克水，木克土，重重自下克之，虽主暂有，亦终不完具，而或无也。其外更无一物，又况吃食之物原非能久存者也。或久存者，惟干粮或脯枣木果之类而已。

大抵占宅之法，以天干为街道，再遁干为向方，以贵神为前厅，以月将为主山，以地分为后房。不拘房中有几层，以中宫分为两段，便知前后新旧损益。如上克下，后低前高；如下克上，后高前低。如两头克神克将，主中宫聚水。如上生下，下生上，为之生气。六合旺相为之吉宅也。内有驿马，其家出外差使。若见劫煞，宅有凶暴。白虎为之凶丧，元武为之军贼瞎眼。课内若有天乙、青龙、功曹、传送，主出贵官。

大抵四位之中管辖有端，握于贵贱荣枯，子孙有无，虚实之品，牧养奴仆，而至欺奸不道，巨细玄妙，上自六亲，外及知交，大自富贵，微至六畜、器皿，无不自然呈现。

占宅凶吉

占宅之法课中详，日干为宅位上当。主来克宅宅受害，宅来克主主遭殃。
将位临煞终有祸，客神财旺福须昌。更推休旺临时断，凶吉犹如眼下张。
命在五辰为客舍，后三庄产有兴衰。五行旺相相生吉，四位相生福自来。

将神入宅吉凶

寅为猫犬外来家，口愿重重树影花。有克必伤尊长死，马亡子死鬼颠邪。
太冲受克损门窗，怪见虚惊贼盗伤。改户移门船车损，兄弟须是各分张。
天罡旺处家不和，六畜频伤官事多。有克奴逃及婢走，死亡人口肿疮魔。
太乙蛇禽现屋头，釜鸣光灼起烟楼。旺相女家招外婿，克来幼妇女先休。
胜光当旺足资财，子孙富贵名自谐。受克官灾须见血，马亡子死产生灾。

小吉神临女守孤，鬼神缠惹病声呼。有气婚姻财宝吉，邀迎酒祀出师巫。
传送由来出旺方，儿男雄勇乐刀枪。申临巳午军人辈，客途车碾患喉疮。
从魁因死阴私祸，自缢身亡痨病多。假若同带蛇雀武，或然入魔出师婆。
河魁旺处魔神藏，推出军人夭寿郎。更近宅边枯骨犯，徒刑须出痛伤亡。
登明因死病痿黄，眼色斜牵少女伤。当旺猪羊饶散失，若居戌上丑儿郎。
神后伏位见金神，儿郎豪俊乐攻文。若还值鬼并空煞，后妇须多绝子孙。
大吉从来入旺方，子孙面丑肚脂囊。木上见之头必秃，忽然眼病有牛羊。

贵神入宅吉凶

贵人当旺作神头，纸钱猪羊许愿求。功德外来运破损，送来官贵出追游。
螣蛇损失主惊忧，飞鸟曾鸣一度愁。妇病不然妻女走，鬼来出现屋山头。
朱雀神现光焰焰，官灾斗打病连绵。血光走失出娼妇，宅中枪刃有多年。
六合神主立幡竿，柜破门伤上下看。木盘铁锯香盒破，纸钱龙树鬼来缠。
勾陈多旺鬼须来，糠瓮灰盆院里埋。更有水坑尸在地，窦墙鼬鼠入家来。
青龙树影到堂前，大木损伐人不安。家中火镜频作祟，伤人刀剑在头边。
天后宅中有井凶，玄武功德在家中。水穿门出山魈鬼，妇人投井更私通。
太阴火光焰入门，明师知识会难分。只为外来妇鬼扰，尖石破磨眼灾生。
元武凶主家近河，水灾鬼怪及妖魔。儿女丑恶多斜眼，贼来三度犬伤多。
太常幡子到佛前，口愿猪羊赛未全。铜铁杯盆并井灶，金鸣必主患风颠。
白虎凶丧孝子来，蚕丝六畜血财灾。家内灵床未除了，更于门前石变灾。
天空主瓮破伤鸣，汤瓶悬壶壁上行。更有四足伤人起，宅惊屋爆为僧名。

占宅内兴耗

常以月将加正时，若见虎蛇临日辰，耗在门。若见大吉、小吉、胜光临日辰，耗在家。见功曹、传送、太乙、神后临日辰，耗在家。见天罡临日辰，耗在牛栏。若见登明、太冲临日辰，耗在中庭左右。

占家中有怪

常以月将加正时，天罡加孟凶，加仲吉，加季大吉。又月将加时，看神后所临，即知其怪也。神后临子，必是鼠或血光。临丑，是鬼作人形。临寅，是四足或木器转动作声。临辰，必是赤色四足音声作怪。临巳，是釜鸣。临午，亦是釜鸣赤光。临申，必是走兽。临酉，必是飞鸟血光。临戌，是枭鸣狐叫为祟。临亥，狗猪登厕，见明①之物。临卯同寅。

占修宅舍吉凶

问其家长行年，加宅神，视本命前五辰。如见煞神及罡魁，不可迁移、造宅。见功曹、传送、胜光、神后、大小吉，宜修也。又家长行年加神将见魁罡，有病主耗财。见从魁，主老小口舌，火光，妇争财。见功曹、传送，主喜。见神后，盗贼死亡。见胜光，亦为喜用。见登明，忧财。见二吉，忧牛马及火光。更看今日何处动用，以方位为则，却用本日干辰。旺相可动，刑克忌动。要本日与干相生，吉神临，喜神助，凡事吉，主荣旺兴荣。如临空刑克战、蛇虎玄阴勾陈，皆主不利，及官司刑伤，财帛耗，人口患病。

占接屋梁柱

接梁之法妙须知，月将加时方上真。更看天干于位上，便从支干日上寻。壬癸庚辛申酉位，必然盖造又还新。下克上兮应接梁，上克下兮接柱新。二下克上标应折，二上克下屋摧崩。人元芭薄瓦木足，天官为梁将柱真。地分根街石土项，常用刑克是真神。庚辛若临方位上，万物皆新如通神。接屋但以方上起，孙膑留下不传人。

占移居吉凶

移居之法课中看，鬼煞临身不可前。客旺主休终是吉，客休主旺莫移迁。金神丧吊来归户，只宜守旧保家缘。

解曰：如见天驿二马及有生气吉神，皆可移动居吉。如在空刑之地、劫煞之乡，不宜迁动，主破损不利。

---

① 一作鸣。

神课金口诀卷五

射覆门第三

四法须知

学课先须四法明，来就成去更详因。来法便于方上见，月将从来认取真。
就法次于坐上取，飞腾次第使来人。成法天官相聚会，归家次第取将形。
去法便于干合位，阴阳配偶细思寻。但认五行情好乐，便是孙膑玄妙门。

学课先须四法明，第一须交方位真。月将加时日位定，将上干合是乐心。
来成去就次明晓，阴阳心眼取其真。来法便于方上觅，月将从来认取真。
就法次于坐上取，飞腾次第辨来人。成法天官相聚会，归家次第取将刑。
去法便于干合位，阴阳匹配取飞腾。但认五行情好乐，便是孙宾玄妙门。

寅木为衣服，卯草果园乡。辰前为药类，巳火雀文章。
午红来文信，未食衣必黄。申金为钱币，酉为珍宝光。
戌土谷瓦类，亥绳带细长。子黑文兔墨，丑铁五谷刚。

青龙钱财铁木期，螣蛇灰化砖瓦资。朱雀文书毛兔类，文采红花锦绣衣。
六合无合须言草，竹木盘盒看申时。勾陈为土应中央，泥土砖瓦破碎伤。
更与天空同一位，壶瓶瓦罐手空藏。贵人牛角镜钱石，光明圆滑金变迁。
天后缎匹繻丝绵，见水衣帛采绳鲜。太阴手帛纸和钱，妇人刀尺耳珠环。
玄武笔墨与墨斗，石灰木灰木匙端。太常饮食妇人衣，甘美黄白头上推。
白虎纸布铜与蜡，骨瓶磁瓦与刚宜。

射覆之法最为难，月将加时上下看。子午卯酉为食物，木乡临仲果中端。
辰戌坚刚并药物，申酉金银纸钱般。未为吃食并甘果，丑为铜铁粟谷言。
寅为衣丝钱帛事，巳钱鹰禽炉冶看。亥为缎匹丝绵物，卯梳酉镜食与钱。
辰为磁器戌骨器，更兼缸瓮莫猜嫌。若是四仲当为果，五行刑克验根元。
三火为珠三水豆，更为文墨发毛端。三土形圆如器物，三木条真美笔端。
三金成宝为金印，更看天官与人元。四位俱同无刑克，其中必定物周圆。
火局光明微细物，克为伤缺合为全。下克上时有穴眼，上克下时不成圆。
常将此法详书意，更解根机出世间。

怀藏之物审难量，幽玄课体伏行藏。得气胜形为物类，验色相形取已伤。
天官体段为形状，人元颜色取相当。土旺形圆如包裹，水能细碎木柔长。
五行各取方方状，火性形尖金带方。火类文花经火气，水惟柔软性杂苍。
草木物类兼丝帛，金类皮毛铁石铛。土是变化装巧物，更看临变在何方。
子午偏斜头孔窍，卯酉团圆口有伤。巳亥不克无手足，寅申四角是寻常。
辰戌有皮更带角，丑未眉目要思量。当旺新而圆成器，相气方而反更长。
遇死圆圆须是破，囚而刚硬更寻常。休尖两头不均取，五行休旺莫匆忙。
方干但克破难用，与日干合可以尝。天官月将若相克，空虚形状总空藏。
四位相生成合重，叠似粉妆万卷强。四仲相加是吃物，当旺受克破难量。
四位相克是碎物，与日相生体更长。此是孙膑真妙法，天地移来手内藏。

射物颜色

重建人元不克下，贵神方将两无伤。只取天官为颜色，五行之内认消详。

射物所在

课见甲乙，其物在戊己之下；见丙丁，在庚辛之下；见戊己，在壬癸之下；见庚辛，在甲乙之下；见壬癸，在丙丁之下。

五行数目

木三，火二，金四，水一，土五。金木三六九，水土一五七，火主二四八。甲己子午九，乙庚丑未八，丙辛寅申七，丁壬卯酉六，戊癸辰戌五，巳亥惟四数。

射人身上物

午未为头面①上物,巳申二辰为肩膊②。卯酉为腰胁间③,丑子地户为鞋脚④。亥寅伏膝在下裳⑤,辰戌两位作金铜⑥。假令丑将甲子日未时卯位,见从魁加卯,其物必果食。何也?云:子午卯酉吃食言。若临四仲,当为果。子午卯酉为食物。

占来意

欲占来意将中看,斗争取索配人元。木土口舌兼狱讼,火金灾祸事难量。
水土田宅人有死,水火交为妇女残。四位相生诸事喜,二金三木怪惊惶。
大忌丧门兼鬼煞,破财文字及争官。更将主客推休旺,依次推求见的端。

时闻来意事何疑,四仲皆因酒食为。辰戌斗争财物事,寅申文字及公私。
巳亥课中惟取索,相生相克用心推。取索反吟须反复,分局宅移彼来欺。
带煞逢金人争讼,若逢无克喜怡怡。白虎吊丧人有祸,精心推究此玄机。

都解课

入课须看重与轻,五行休旺最通灵。老人所得休囚动,年少由来旺气生。
幼小相冲胎气死,关隔空亡更要精。胜光临虎婚姻事,神后假龙有不明。
六合逢水阴私动,太阴遇火及奸情。将带神兮神带煞,三合道路暗多更。
更看有气及无气,四位生克与刑冲。

《神枢经》射覆章

假令七月十五日有多客以东南巳地取应候,有何衣冠人来?作课占之。

---

① 下克上、下生上为头面上物。
② 下克上、下生上,其物必在肩膊。
③ 下克上,主悬空。上克下,离身物。必是夹袋子也。
④ 二上克下必是鞋袜。
⑤ 或上克下,或下克上,是襜褕裩幅。
⑥ 上克下,下克上,必在腰间,或带绕上有金铜物。

戊午日未时巳地太乙将。

　　丁　　　巳阴火
勾陈　　辰阳土用爻
太冲　　卯阴木①
　　巳　　　阴火②

断曰：此课占东南巳地有一老男子受刑罚患病而来，其人为勾连人家奴仆窃盗财物。何以论？曰：勾陈用神也。《经》曰"：勾陈主勾引不实之人，太冲为贼盗之神。卯木来克辰土为刑罚，二火为之疾病，将克神为财物之失。"余仿此。

占来意例

假令九月庚辰日辰时辰位上一人来占，为何事。

人元：　　庚　　　金相［人元下克神将］

贵神：　　六合　　木囚

月将：　　太冲　　木囚［神将下克地分］

地分：　　辰　　　土旺［地分生干］

此课来意为官讼之事扰，主损财物，外人凌欺，有牢狱之灾。入式歌云：上克下兮从外入。又云：人元克神主官讼，更兼父子不相同。此课又主其人无父。何以知之？曰：神为尊长父母，今人元庚金克木，辰土又生金，金乘旺气克六合木，是以知其人无父母也。更主其人被人强劫，门户将出财去。盖以六合太冲俱为门户，被人元金克，当有此应。

假令四月壬戌日巳时辰位上有人来问贼人来不来。

断曰：此课贼人必不来。盖以丁壬游都在巳，上见申金，木水土土，夏火旺，木又生火，火克一金，所以知其不来也。③

---

① 将克神，生干方。
② 干方生神。
③ 甲、天后、小吉、辰。

天时门第四

占风雨

欲占风雨理非遥,四仲加临定一朝。云雾人元看颜色,课中逢水雨潇潇。
下克上时云雾满,克方雨主外乡飘。劫煞太阴雷电雨,水多关隔只风飘。
劫煞带丧人有祸,土金无鬼变晴朝。龙宅有鬼金归土,阴翳风雨旦继宵。
青龙入火兼日上,飘风骤雨忽云消。更看有气兼无气,天地风云以课调。

五行所主

五行所主定无移,甲为木主乙风吹。丙主林木消息用,丁为闹草阜高低。
戊主高垣己坟墓,庚为河岸道中基。辛主铁方兼雷电,壬为道路金石推。
癸是沟湖兼片水,课中所主莫生疑。

《神枢经》天时章[①]

假令庚子年七月十三日甲寅申时,西南申地有云起,未知有雨无雨,作课。七月太乙将。

  壬   子阳水
 白虎 申阳金
 太乙 巳阴火用爻
  申   阳金

断曰:此课主明日辰时有轰雷暴雨、雷电霹雳伐一小阴人,果应之。何以论?《经》云:"金为雷,木为风,水为雨,阴水为之大雨,阳水为之小雨,土为云,火为晴明,水克之反为电光火,劫煞入课为之霹雳。"是课中寅申对冲,水火劫煞,故主轰雷暴雨。何以课明日辰时?答曰:课中原有申子二字,无辰字,主明日辰时是也。课中三合有数,辰日何以选于辰时?曰:劫煞为紧急迅速之神,故主时而不主日也。何以论伐一阴人?《经》云:"白虎为凶

[①] 风云雷雨。

丧道路之神。"合壬子水，克太乙死绝无气。又曰："水来入火妇难安。"故主霹雳而伐小阴人。何以论阴人小口？《经》曰："三阴一阳，以阳为用；三阳一阴，以阴为用；纯阴反阳，以将为用；纯阳反阴，以神为用；二阳二阴，以将为用。"是课取太乙为用。《经》云："丑未老阴人，卯酉少阴人，巳亥为小口，入课是区分。"故主阴人小口也。大抵课风云雷雨远近有无，或天方云起，或农占雨泽，先定方位，次取日辰，作课占之。远近端在劫煞驿马紧急迅速言之近迫，如无气马主迟缓而言之远慢。课先看用爻，次取旺爻，然有生不受克者是也。假如木旺，主风，见煞气乃是暴风霾，而兼砂石伐树播土。亦有金克而言之水旺，主雨雪。土旺主雾。金旺主雷，又主寒也，克木化雪。火旺主大旱。又曰：水逢金而遇土，定主遭阴天不绝。木克土而见火，亦主天旱多风。土多无水，密云不雨。火多见木，旱天热风。水多见金，连阴不息。上克下兮一天雨雪，下克上兮不时晴明。如其生克，占之百无一失。

地理门第五

占田禾

太常临丑未并亥子之乡，旺相之地，主其年大收。若临寅卯，苗稼茂盛。如临空亡克煞之地，主便有田禾，不得收成，必然虫损。

占穿井

课井之法术中稀，以将加时方上推。方上月将当为定，又更加来时上知。小吉见时为井地，看其甜淡要人知。四位之中须得用，二火应知是苦泉。二金定为甜美水，木里还须必见酸。仔细用时常记取，孙宾留下似通仙。

欲求穿井课中占，孟为咸水仲为甘。四季虽甘泉必少，更看生克定泉源。下多克上应须苦，上若刑方井必捐。劫煞空亡多怪异，木神泉有附根源。上火灶窑金石物，当依此例细精研。

用以净水香盘，择其良日，用十二帖子，主人探取，依前法用之。

《神枢经》开井章

凡置井之法，用一净器安香案上，周围要十二帖子书十二地支，令主人沐手焚香礼拜，取一帖作课占之，便知有泉无泉，及泉水五味。假令三月甲子日辰时，得一帖子是申为地分。三月从魁将。

　　壬　　　子阳水
　　白虎　　申阳金
　　大吉　　丑阴土用爻
　　申　　　阳金

断曰：此课东南辰地是泉，土厚一丈五尺，其水甚甘。通泉时，有沙涨石子应之。大抵占井之法，小吉是泉。课中见金，乃水之源，主多甘美。见火咸苦，水乃是泉，土云是厚。上克下兮则坏，人有失；下克上兮则崩，忌伤人。

《神枢经》地理章①

假令庚午年十二月十四日甲寅卯时出行西北亥地，问道路有何应候。十二月神后将。

　　乙　　　卯阴木
　　太阴　　酉阴金
　　传送　　申阳金用爻［贵神月将上克人元，下生地分］
　　亥贼　　阴水［地分遥生人元］

断曰：此问出行，道路无阻，惟主争斗，稍有未顺，先难而后易也。何以论？曰：用爻是申，申亦为行移之神。课中见二金，《经》曰："二金刑克都无顺。却喜月将遥克天干。"《经》云："将克干兮甚是喜。"何以论道路无阻？《经》云："下克上兮出行无阻，上克下兮道路阻滞。"大象主乞索上人财物，亦遇自己门户奔走奴仆人也。《经》云："巳亥常为乞索物。"又云："传送有人奔走出。"位克天干而主奔走，地支是奴仆也。此课征战、出行、升迁、交易皆利，合得官中财物。何以论？曰：官动利求官是也。问道路应候，

① 道路应候。

主三六九数里分有一男子执铁器伐树应之。《经》曰："甲乙为林单见树，见金枝损及皮伤。"又主前路西北道上，有东南河一道。其水冰薄不可履渡，主有惊失。何以论？曰：亥为小水，见金有源，十二月乃冰结之时，申金克干，故主冰薄而不可履也。亦有小板桥，今已损坏。何以论？曰：甲木为之大桥，乙木为之小桥，见二金所克，故坏之矣。

占课大抵课地理道路，主意端看天干。假如天干是甲乙木，便言林木高粮，新旧损益，亦以生克制化轻重而量。天干是丙丁，便言高岭、闹市、台塔。戊己为坟冢、土坡，如上克下，主低小，如下克上，则高耸。庚辛为之道路、山崖、碓磨。壬癸为之长河、沟涧，斜正随其生克而断。又云：下生上，我觅于人，道路平坦而无阻滞，亦为大利。上生下，有人求事于我，亦得贵人提携，兼惠财物。又以射覆论之，如上克下，勉强行之，虽然无阻，终有争斗。如上克下，不可出行，是有阻滞，道路惊恐，龃龉不遂。

人物门第六

占人形貌

贵人官贵富家称，骨秀肌丰面貌清。鼻似悬囊仓库满，语音沉静眼波横。
前一螣蛇妇女形，头尖面赤鬓稀零。饶舌谗言贪且薄，胡须乱鬈额前横。
神名朱雀火之精，贱劣卑凡妇女声。面赤多淫情性急，摇身轻碎好纷争。
前三六合木神名，色秀身长骨自清。或作吏人还匠役，虽占文墨亦经营。
勾陈形状本来凶，丑貌唇粗腰脚癃。眼恶睛黄须鬓薄，多争饶舌是寒穷。
青龙上吏富豪民，眉眼分明定贵人。身似青松无枉屈，神清腮赤好攻文。
天后良家美妇人，眼长眉细面光分。十指纤长牙齿密，性情闲淡好腰身。
太阴闲雅好丰标，性善声清乐技高。形瘦面方眉眼细，梳妆浅淡忒妖娆。
元武阳贼兵壮军，面小身微左眼昏。色黑唇形粗必丑，眼斜觑物夜中人。
太常耳大面团圆，肉腻肌香口舌端。好着鲜衣淡妆饰，不然头秃发斓斑。
白虎阳凶兵仗行，据人形状眼圆睛。项粗颔阔身肥短，头发稀疏恶性情。
天空僧道善人家，冷面头黄软语遮。本主贫寒孤饿困，如居四季有此些。

占男子贵贱

占人贵贱亦非难，便取行年方位端。月将加于人生处，辨其旺相坐中言。
天乙乘马会上神，或是白衣新得官。蛇居巳午原来禄，水上逢之过日难。
朱雀旺处合蛇马，东方发用贵饶钱。六合得位亦须贵，巡列西方走吏班。
勾陈四季多孤寡，水上无男女亦残。青龙水上田宅广，更看一乘禄马官。
天后生干因妻富，上下多灾忌季年。太阴得位拖青紫，却到东方病怎痊。
元武本位阴谋密，土上曾为贼结连。太常旺处阴财物，受克虽荣窘迫牵。
白虎本方非是恶，重重见水晚超迁。天空主孝应无子，辰戌申乡恶煞煎。
却逢木位推奇月，神见青龙合得权。

占女子贵贱

天后金申妇女贞，太阴临火女奸生。太常之木须后嫁，勾陈次处嫁须更。
朱雀临卯伤残甚，螣蛇东位逐人行。元武临季奸谋贼，六合金位立身轻。
青龙得位郡邑号，天乙居南国号称。白虎本乡非是贱，天空水上必遭刑。

占阴阳贵贱

人生贵贱何能通，岁干见取生月中。看是何人临命上，更详生月论违从。
青龙贵人多官职，太阴天后更尊崇。六合丰足资产旺，朱雀螣蛇贫且穷。
元武好斗饶盗贼，勾陈迟滞困红尘。太常买卖作经纪，白虎却值凶恶人。
天空孤寡本好善，应为僧道散闲论。更看本位胞胎生，受克残患在其身。
上干为禄下支命，纳音身里察其因。兴衰旺相论刑克，贵贱尊卑主事分。

十干形貌

甲己合处眼睛斜，乙庚合处定包牙。丙辛会得见黄白，丁壬相貌衣来遮。
戊癸謇唇并口大，仔细推来定不差。

占人形状第六

占人形状细寻推，天乙端严细小仪。螣蛇白面瓜子面，朱雀肥矬赤白姿。
六合青黄人谩言，勾陈黄面稍灵肥。青龙长细好须鬓，白虎短项髭髯稀。

太阴骨细貌明白，天后清疏黑色施。太常额广客仪推，玄武黑丑抑何疑。天空老大面黄煞，相克相刑共断之。

占人身上瘢靥

瘢靥之法有何难，只在先贤指掌间。看得其人居何命，五子元中遁日干。
人元遁到命位上，再起人元定靥瘢。午面未头子丑足，亥寅为膝巳申肩。
辰酉两膊卯戌股，左右东西辨别观。甲背庚腰丙肩间，戊肚己脐乙辛胁。
壬癸黑靥入身边，常取其形为伤处。丙丁元是火烧痕，庚针壬靥旺中言。
甲干瘢子戊干靥，庚干针疮丙灸瘢。常取其刑为定夺，专心记得审思看。

瘢痕之法又何难，只在先贤指掌间。看得其人居何命？五子之中建日干。
人元建到命位上，再起人元定靥斑。午面未头子丑足，亥寅为膝巳申肩。
辰酉两膊卯戌腿，左右东西辨别观。甲背庚腰丙肩间，戊肚己脐乙辛胁。
壬癸黑靥入身边，常取有刑为伤处。丙午原是火烧痕，庚针壬靥看旺处。
常取有刑为定处，异体占靥并看陈。甲干斑子戊干靥，庚午针疮丙灸瘢。
常取有刑为定夺，专心记得审思看。

占人物好与不好

占亲之法取人元，取其客鬼月中看。月内贵神方上位，五行刑克辨伤残。
螣蛇财帛轻狂辈，支吾下贱好多言。朱雀其人面赤白，发稀火额面三拳。
六合青龙眼细清，性巧情欢心更明。勾陈细长曲内面，官鬼有刑行步迍。
元武丑陋短身形，粗眉拳面大口唇。若逢白虎交相值，项短鼻粗丑面明。
青龙纤细眼分明，髭髯多生头发好。天后温柔近贵人，头发如乌心性巧。
天后还忧害本夫，不宜子孙终难保。太阴近贵面光白，贞洁情长发稀少。
天空白面肥长大，五阴刑克须休了。太常拳面额颅高，情性多乖神气少。
相生长大相克短，木克土时拳面首。与姓相生必是良，若逢刑克应义少。

《神枢经》人事章

假令庚申年三月从魁将二十八日甲子辰时，有人在丑地上坐，作课占其人贵贱性格如何。

  乙   卯阴木［人元生将，克神位］
  天乙 丑阴土
  胜光 午阳火用爻［月将生神位］
  丑   阴土

  断曰：主其人富饶，因财而得贵也，不久官被人谋害，其人性主厚重，生财有道，富足过人，只是官被害而妻复续，又主不称。何以论？曰：胜光当旺足资财。木生火而巨富，将亦生神，乃天乙，故主因财而得官。不久者何也？曰：天乙被人元来克，故不久也。《经》曰："干来克贵失官阶，庶者人谋害己财。"是主官不久，何以论妻后续？曰：人元乙木动变，再遁得丁火，故有失而复得之理。何以论妻不称？曰：天干克地分而妻动。《经》云："妻动干妻妾，官财妨损折。"故主妻不称，而足有故疾，无可疗也。何以知其人性格厚重？《经》云"土主厚重"是也。其家多是好交识内外人。何以论？曰：胜光乃为用神，生天乙贵神，又生地分丑土。《经》云："我生人则我求于人，人生我则人求于我。"故知交人之由耳。但只与人不足，乃贵神受克故也。

  占课大抵课人贵贱荣枯聪明愚蠢，先看用爻，次看旺爻。假如贵神是天乙贵神、青龙、功曹、传送四神，不克者便是有官之人，亦主财富。课中若有驿马扶持，依五行数中旺相，立主升迁，而有权柄，进添财禄也。何以论？曰：神临驿马主迁官是也。又云：下克上，主其人好出外攀高；上克下，主其人居于下多不遂，有生则称矣。如将克神，盖主其人好财物而不孝顺。干克将，谓其人主攀高尤不及。方克干，家生怪。神克将，常失物。将克方，主无后也。《经》云："贵人青龙是为有官之人，六合太常是交易之人，螣蛇朱雀是不安分之小人，勾陈是勾引虚诈之人，天空是僧道孤寡之人，白虎是凶煞暴恶之人，元武是军贼斜眼之人，太阴天后是良家妇女。"又曰："金性不顺，言急而刚果；木性繁华，平生好奢；水性源流，委曲随波；火性烟焰，百事凋残；土性厚重，其性直蠢。金木之人无仁义而口舌多端，水火之人有疾厄而妻伤财损，土木之人犯刑陷亦好饮食，水木之人宜寄居宅主有际遇，金水之人性聪明，火土之人主福厚，土金之人荫子清高，木火之人性主燥暴。五行依理而推，富贵贫穷可见。"

占阴人阳人老少

天后勾陈及太阴，此神受克损老阴。太常朱雀螣蛇类，三神多损少阴人。若是贵人招克害，阳人老少不安宁。

贵神受克老人亡，天空青龙一类方。虎武同刑兼六合，其神旺处少阳伤。

《神枢经》男女老少章

寅申老阳翁父称，辰戌中阳伯叔名。子午少阳孙与子，凡推老少事分明。

丑未老阴人，卯酉少阴人。巳亥为小口，入课自区分。凡占失财、射覆、灾病、应候、百家，便知男女老少矣。

人事门第七

占年中吉凶

要知今年一岁中，月将加临太岁宫。数至本位看吉凶，相生相克定穷通。劫煞刑克并克战，官丧灾病事匆匆。吉凶成败消详处，课内依前论始终。

《神枢经》年占章

假令正月亥将壬辰日辰时，有一人坐子地问一年吉凶。

  庚   申阳金 [人元克神生地]

  青龙   寅阳木 [贵神克将]

  小吉   未阴土用爻 [月将生干克地]

  子   阳水 [地分生神]

断曰：正、六、九月日外戚谋官事主和。一、五、七月日失物，奴仆小口有失，起口舌，添丁，及有升迁之喜，母灾，妻病，失而无咎。又曰：主是年春，母有肚腹之疾，盖寅木克于未上，为之母病。秋有外戚谋害官职，盖申金克夫寅木，为之谋官。冬有奴仆逃走并幼病，以未土克夫子水，为之逃奴幼病。此三者为咎。内喜有添丁、迁职之美，何也？庚申金生子水，则为添丁；驿马立于神位，迁官也。

假令居官赖国分则言君臣，民庶分则言父子，争斗分则言主客。内之所分，以天干为尊，曰君、曰客、曰外；以贵神为上，曰相、曰官、曰父；以月将为中，曰己、曰妻、曰财；以地分为下，曰田园、曰奴仆、曰畜产、曰小口。以其生克旺相决之，又何难哉？

占月下吉凶

若知月下将加月，却至本位乃方绝。天干月将生年喜，干将克年多乖越。本属相生得合同，日里青龙逢喜悦。

《神枢经》月占章

假令六月胜光将，丙辰日卯时午地，有客问一月休咎。

　　甲　　　寅阳木〔干生方〕

　　白虎　　申阳金〔神将克干〕

　　从魁　　酉阴金用爻

　　午　　　阳火〔方克神将〕

断曰：主是月三六九日阴人口舌在外方，而家中有幼妇染疾在肚腹，凡事不顺。何以论？曰：申金克寅木为之口舌在外，午火克酉金为之妇疾于内，此所谓二金刑克多不顺也。凡课，将神为之体用，干方为之飞符，要在生克旺相之神，又有死而复生之妙。假令水来入火，妇死无疑，内见土能制水，亦能复生而为医药也。如内外相生，四课皆吉，内见劫煞为凶乱，是为吉而反凶。

占日时下吉凶

要知时下福与灾，月将加临本相来。一下克上祸害起，一上克下伤人财。二上克下妻损失，三上克下重丧哀。

要知自己甚时灾，月将加临本相来。本相被刑逢劫煞，更嫌辰戌恶神来。日生神辰无凶咎，辰神克日有凶来。喜神逆转非为善，凶神顺转不为灾。天乙家事与客至，螣蛇见怪主忧来。朱雀口舌官事起，六合和合有亲财。勾陈克战争田土，青龙移动好求财。天后婚姻和合吉，太阴妇女乱淫谐。

元武奸淫贼欲动，太常须送酒食排。白虎凶丧兵信至，天空逃失必惊怀。
蛇雀元武勾陈到，客访休迎好避回。日辰季上知凶吉，已上论尽无不该。

《神枢经》日占章

假令五月小吉将，丙子日巳时子方问今日何如。

  戊   辰戌阳土［人元克地分］

 螣蛇 巳阴火用爻［贵神生人元］

 功曹 寅阳木［月将生贵神］

  子   阳水［地分生月将、克人元］

断曰：此课三阳一阴，以阴为用。内见下生上，出外求亲得喜，凶中获财，是事宜速不宜迟。又见女人沾暗疾，饶舌轻浮。何以论？曰：用神巳火，寅木生之，故为我求事于人。干克方为之妻动，又主干妻买妾之事耳。又云：水来克火，妇难安者是也。大抵青龙、功曹、胜光旺相而主财帛丰足之美，螣蛇则主口舌轻浮，并口舌应于即日午时，正谓三合克期，驿马劫煞又当速不当迟也。

占婚姻

婚姻之法问何如，方位为妻干作夫。夫妇相生心意合，干方刑克两情疏。
方位克干夫先死，干若刑方夫早没。妻忌煞财夫忌鬼，常依此法断无虚。

法曰：六合、天后相生，临旺相之地，主婚成。如临破煞空刑之地，不利，反有破也。如六合克位，男不肖。见太阴同玄武皆主暗昧不明，但生旺为吉也。若天后落辰戌，主婚姻不顺。太阴与天空相并主义子孙，与天后相生为幼女。若问女子容貌，见辰戌丑未斑点儿，见白虎眼斜主破相，亥子黑，申酉白，寅卯紫棠色，巳午赤色也。

占孕育

欲占孕育课中求，太乙常加本命头。阳将为男阴是女，更看生克定因由。
神将空亡胎必死，将刑本位母身忧。有气贵神生男子，空亡劫煞产贫流。

占生产

欲占生产课中详，带煞刑人产妇殃。白虎杀中为父母，婴儿生得命须伤。
课见土神为煞动，只忧惊惧喜非常。下多克上生须脱，上多克下产须忙。
男阳女阴看旺气，相生四位自安康。

占官禄

欲占官禄问其因，神将克元是贵人。贵若落空将克贵，文章之士布衣身。
贵神带煞来克客，必因荣显后灾侵。父母旺乡煞刑客，妻财囚死作常伦。

占官高下

占官之法课中分，贵若刑干作显寻。四位相生居命禄，官乘天禄得新恩。
带禄有官兼旺相，定知轩冕出金门。空亡劫煞成须败，更遇休囚事莫论。

占官职位

官神为我贵，课看贵神临。朱雀多建旺，必是有官人。
无马鬼煞动，就位看迁因。寅申居上位，逢岁见人君。
连茹合局体，兼职转官频。分局空亡课，失职志难伸。
月将克干吉，进禄并食神。神空或克将，才气徒凌云。
官动并食神，加官得位新。

占官吉凶

欲占官上细寻元，死刑临课命难全。若遇贵合来克客，必须任上得升迁。
将克禄贵同加喜，位来刑克必移转。父母爻中消息用，劫煞空亡当细传。

贵人得课临克位，失职生灾任有迍。权印有生飞煞到，匪躬朝夕是王臣。
若遇一辰兼太岁，马相必定见人君。印中有印兼旺相，官动逢官再转频。
权印空亡为罢退，如逢官鬼死中倾。

占有无出身

入课占官别有因，四位加临定假真。下多克上身须贵，干若刑方少出身。
互换本音文武接，劫煞分局宦中分。克位带神来作客，必因祖荫得皇恩。

凡占官，以贵神为官之位神。神克干为官动，值此必是有官之人。或官爻不动，而贵神得天乙、朱雀、青龙、月建、太岁之类，有气，其人亦是有官者。如将克干，亦吉。常以朱雀为官禄，卯为权柄，父母为印绶，方生干也，以马动为迁移，更鬼动者尤速。无官动，求官难。无印绶，无权势。或贵神空亡，及神来克将，纵有财而无官也。

凡占任，有官动及皇恩转煞而无马者，必主就任转官不能移动。太岁为人君，寅申为上位，连茹合局必有兼职摄事，或多见交互改换。用值空亡、岁破、月破者，改移失职。遇分局者，改移分散，为罢职之类。

凡占官，见禄贵，主食禄厚。如无官鬼、印绶、贵神，必有刑失。官位大小，亦视神煞及旺相休囚，官动带马者，新得官或转官也。

占文武官职

文看青龙，武看太常，申为天城，寅为天吏。太常加巳名捧印，朱雀加巳名翱翔，皆为吉兆。若见财乡，应为吉庆。天喜轮于本位，相生旺相，占官有成，皆主官中喜美，显除禄位也。如在空亡刑克之地，主求官有阻，必然空回，及见灾耗不利之事。有金水清白，主风宪之贵。任不动，见吉将相生，然后职位迁升，有吉神必再复任，皆吉。

占文书动用

朱雀翱翔及青龙旺相，见生气轮于本位，可宜动用。如在空亡刑煞之地，更主虚耗不利。如朱雀并玄武，乃机密文字或阴私之事。

占词讼

勾陈主斗讼，如值空脱气，主官司无事。如见蛇虎同勾陈来克本位，必主杖责流配血光。宜见生气德合之神，便主和会无事也。朱雀同天空、元武并临，多主不利，见太阴主关节，见天后主生旺，必有恩赦至。占对词，更看官鬼旺相不落空亡、脱气，主词得理。如在空刑战克之地，多主不利，乃为隔害不吉。若无刑克动，主吉也。如勾陈蛇虎来克本位，对词反伤，本身有责，不宜对理。

占谒贵人

谒访须明主客和，神将生克定荣枯。贵神须遇官吉神，常人无隔喜须多。空亡相见终无事，劫煞交争可奈何。但得合贵相生喜，斯为访谒定逢他。

四孟门前立等渠，季神家内候须臾。仲当远去或他出，更看行人与克无。行人有滞寻人出，下生下克动移趋。二上克下坐家内，反此相寻必有阻。

凡占人在家、出外，如将神加见四孟，其人立于门前，必见之。如将神加四季，主其人在门里立，亦主相见。如神将加仲，主不见，或出，或他托。又云：二上克下，人在家坐。二下克上，人在家立或不在家。更看游神，申子卯午为四游神，或下生上，或下克上，皆主移动。故曰：寻人只用孟仲季也。

占觅人

寻人之法最当灵，四孟之时人在门。四季常须人在屋，四仲寻人在路行。巳上四仲人在外，辰上四孟人在门。卯上四季家里住，天官若骇辨门程。旺处行程克者住，月将加时方验真。

《神枢经》谒见章

假令六月午将乙丑日寅时寅位。

戊　　　辰戌阳土
朱雀　　午阳火用爻
胜光　　午阳火 [神将生干]
寅　　　阳木 [方生神将、克干]

断曰：此课占人在家，其家会客，饮酒不及终席，有一客因阴人起口舌是非也。何以论之？《经》云"子午为酒食，卯酉为果品，三合为会客也"。何谓未终席而有阴人口舌？曰：见二火为涸残，朱雀为口舌，四阳反阴，故决为阴人论也。

大抵射覆之法，先看用神，次看旺神。如天乙、青龙为官贵之人，螣蛇为淫乱妇女，朱雀为轻薄小人，六合为交易市井之人，勾陈为勾引不实之人，天空为僧道贫薄孤寒之人，白虎为凶丧孝服之人，太常为媒妇买婆，元武为军贼瞎眼之人，阴后为良家妇女。衣冠颜色，天干重建，甲木青，乙木蓝，丙大红，丁浅红，戊主素黄，又以生气而言，己为紫色土黄，庚为太白，辛为葱白，壬为黑绿，癸为明绿。论望人，上克下，不出在家；下克上，远出。一上克下，主坐；二上克下，主睡。如用爻是四孟，在门首；四季，候须臾；四仲，主出外。见劫煞驿马，主远行也。如四位有生合，途中遇见。

占见贵求财

凡课中贵神同生气及财乡相生旺相，便宜见贵求财，乃吉。如值空亡克战，必主空回。亦要贵人与今日生旺，如临辰戌，号入狱，凡事不利。

占向何方吉

假令今日戊己日得贵人可往何方去好？曰：往西北则脱气，往东南则鬼动，凡事不利，惟南方乃生旺之地，投南求干则吉。

占出门见验

寅为公吏是老阳，身披紫皂好衣裳。卯为妇女舡车事，果食吃物夯擎将。
辰为阳人医药者，丑妇驴骡行道傍。他更有患腰脚病，路上相逢不妄彰。
巳是少阴为女子，欲求外取物擎将。午是少阳及鞍马，路上行时见血光。
未为老阴一老妇，酒食和会好相将。路逢蓦见尼姑女，赛禳祈祷自牵羊。
申为阳人行在路，身是军兵负戈枪。酉是阴人事破门，更兼柜坏有人伤。
戌为阳人担夯物，五谷粪壤两边厢。又见骸骨并秽恶，担擎在路正相当。
亥是阴人多幼小，猪应走失在他方。子为阳人亦少小，骑马相逐为女娘。
丑是阴人年纪老，为他钱铁器慌忙。

占出门应候

法以月将加所占之时，视所用时上看得何神将言之，更详神将旺相为应。

预知何应候,月将加时先。所定时上看,消详细细言。神后为云雨,飞扬鼠燕还。大吉牛马载,功曹胥吏全。太冲风雨变,武猎兔狐前。天罡微云雨,常武恶人员。巳午绯衣侪,彤云骡马鲜。小吉老人至,酒酱羊雁膻。传送白云缕,亲人送物兼①。白衣车马客,来往喜盘桓。从魁白云气,飞鸟舞翩翩。河魁争斗讼,驴犬吏兼官。登明高壮物,猪羊②黑云玄。天乙微云彩,贵亲异物贤。螣蛇色衣物,惊怪事多颠。朱雀南方马,文书来应边。六合风云会,友亲丽美研。勾陈多斗恨,衣褐数人喧。青龙钱帛喜,僧道好衣衫。天后微雨步,师尼玄带冠。太阴人欲老,送物白衣穿。玄武黑云雨,皂裳失物钱。太常携酒馔,贵友九流专。白虎凶丧事,病人道路僵。天空奴婢走,欺诈看时天。六壬玄妙诀,悟理作神仙。

假令四月癸酉日卯时巳位,申将加卯,至巳上见河魁及青龙,以骡犬官吏财帛事送返。为四月火旺,河魁相,即有争斗也。余仿此。

占出门

出行虽向课中搜,忌逢劫煞鬼临头。若无关隔下克上,不拘南北任经游。

占远行

凡常人远行,忌官鬼、劫煞、往亡,兼神将所忌之方,金忌南方,火忌北方,木忌西方,盖克制将神者,不利有攸往也。

自己离家作远游,客行须向课中求。本位克身应不利,空亡劫煞贼堪愁。金神作鬼南方忌,火克身兮北莫游。阳将顺兮阴将滞,德无相克会通流。

占出行乘船

欲占出入驾舟船,须将水木定根源。课中克水船行止,木值空亡船必残。

下多克上兼逢煞,必须一命落流泉。上多克下应逢险,上下相生必坦然。

凡下克上者风顺,上克下者风逆。他生我者顺,我生他者逆。凡欲出行时,忌天狱加日辰、行年及所出之方,恐遭狱讼凶灾。天狱者,春卯夏午秋酉冬子是也。凡出行,忌天盘地结,主有缠缚萦系之凶也。传送临戌为天盘,

---

① 一作坚。
② 一作犬。

临亥为地结，申加辰为天盘，加巳为地结。凡出行，忌游都所临，主逢盗贼仇怨，或为吏所拘，在日前一辰为祸至在二日。余仿此。游都歌见璧玉经。

占行人

凡占行人，见孟将未动，仲将半途，季将即至，亦详休旺断。

占望行人法最奇，四位消详自可知。下多克上兼金水，不落空亡远者归。

劫煞人因盗贼事，空亡惑乱不须疑。更详休旺分生克，定知行者有因依。

千里之外问太岁，百里须将辰月期。

假令六月午将丙辰日卯时午地望行人，月将加卯，数至午上见酉①，丙日贵人起亥至午得申②，人元是甲木，地分是午火。③

断曰：将神二金比，从下克上，其人离家，动在半路，为月将是酉，酉乃仲神故也。又主其人沿路住，盖白虎二金比和，即主住。或遇凶恶人相逐，为白虎凶神与酉比，故主相逐。二金伤人元也，喜得午火相救，倘逢劫煞，人元受伤，无故必遭盗贼矣。午火相救，脱灾凶也。

凡行人在远方遇太岁动，必经年，月动不出月，日辰动则期在旦夕。若远若近，只取支干相合之月日为应期。

凡问行人同何人来，占见酉戌为郎仆，卯未为亲人、小儿。或见空亡，同天空发用必自来。如太阴酉、六合卯、天后亥、太常未，必带物来，或老少同来。见勾陈，必半路间，或半路转回。临木水乡，乘船而回。见寅申，中途有阻。子午、辰戌、巳亥、丑未相冲而来，卯酉临门立至。见阴后，妻妾留连不至。见贵人，必长者相留。见蛇雀，中途疾阻。见恶煞，必死中途。见龙蛇，因买货阻。

占交易

交易临时用意推，相生无克喜相随。分局克战成须破，合局和生共力为。

神将相生兼水木，更逢旺相喜何疑。内外若还逢克制，空亡冲破漫言归。

---

① 从魁。
② 白虎。
③ 人元遥生地分，地分上克将神，将神上克人元。

占求事

求事须看主客情，内来克外事须成。人元无气主克客，望用求谋未可成。
分局空亡并杀战，所为财事谩牵萦。四位相生兼旺相，和同必竟喜相仍。

凡干生神将，求事有成，求财必得。若贵神却与干相生者，必因他人助而得之，此人必亲朋故友也。以神定之。

占求财

求财贵神青龙好，又看主客和不和。若得相生财有气，不求自获意如何。
求财当以客为身，神将为财位主人。主客相生将克贵，无破无空喜自生。
客克主兮贵克将，得财翻作破财迍。贵神克客求财吉，刑冲局破有财分。
分局相克成须破，合局相生共乐成。

凡占求财，有贵人、青龙、太常乘旺相气，兼主客相生，干支德合，或神将相生，财爻内动，可以求财。凡见鬼动、贼动、方来克将，并日冲、月破、休死空亡，虽得反破也。或分局相克，财有分减。凡求财，我克者为妻财。贵神六合、太阴者，妻也。见青龙、贵人、太乙、太常、旺气之类者，财也。

占求财吉凶

求财贵得青龙现，又看主客和不和。若得相生财有气，不求自获意如何。

占买卖求财

青龙同太常兼旺相之地，及临今日生旺之乡，买卖求财，凡事俱喜。如临空亡脱气不宜，反伤财也。以青龙爻论之，今日动用吉神并入财乡便宜出入求财得吉，凡事喜也。如在空亡刑克之地，多主不济。青龙临亥子寅卯之乡，乃名财局，宜买货求财，俱吉也。如临巳午之上，及生本位，皆主动用之财。如落申酉之乡，乃名折足，求财无也。如在辰戌丑未，乃主不明之财，暗昧不利。

占博戏

假令巳将戊戌日午时申位。庚[金]、白虎[金]、小吉[土]、申[金]。①

断曰：此课不可用，为在脱气之乡。以位为我，人元为他，他克我我输，我克他他输，如若比和，无胜无负，如他来生我，我旺必赢也。

占失脱

欲占失脱须消息，将为财帛鬼为贼。上下相生四邻偷，神将相生在亲戚。上多克下家中寻，下多克上财须出。空亡临课侵近寻，劫煞临关休趋觅。更有支生旺不休，将支生时财寻得。

《神枢经》失财章

假令人问失财物，人一开口，就以所立方位立成一课。以干元、贵神为外象，月将、地分为内象。如上生下可寻，下生上不可寻。上克下为之窃，下克上为之去。其理专推月将克与不克。然克之而不尽，又有复生之妙也。假如贵神受克，所失定是官中财物。月将受克，所失定是自己妻室财也。地分受克，为之器物。天干受克，缎匹玩好之物。窃人以用神言之，如情怀心性，限期方所，仍于三合六合推之。

占逃亡

逃亡之法客并方，日干为逃位上详。人元克位须还业，位克人元未还乡。
劫煞克人他作主，若逢关隔别州亡。相生亲戚行逢见，逃主临时用意商。
失人之法将加时，去路还寻月将支。比神子母为亲戚，水旺沟河金庙祠。
土居郊野山林木，火入州城市井随。阴化为阳身自去，阳化为阴外必归。
空亡劫煞来刑克，去人身死不须疑。门上见关为越屋，将乘天马必难追。
失人之法妙多灵，月将加时位上陈。天官人元方上见，看来刑克验其真。
时干克将相争出，将克时干取自行。四仲相生人引去，若无刑克自生心。

---

① 将上生神、干，下生方。

失人之法妙多灵，月将加时位上陈。天官人元方上见，看来刑克验其真。
时干克将相争出，将克时干取自行。四仲相生人引出，若逢刑克自心生。

逃亡之法客并方，日干为逃位上详。人元克位须还业，位克人元未还乡。
劫煞克人他作主，若逢关隔别州亡。相生亲戚行逢见，逃主临时用意商。

失人之法将加时，去路还寻月将支。比神子母为亲戚，水旺沟河金庙祠。
土居郊野山林木，火入州城市井随。阴化为阳身自去，阳化为阴外必归。
空亡劫煞来刑克，去人身死不须疑。门上见关为越屋，将乘天马必难追。

占奴婢走失

奴婢逃亡看相属，相属所临方位知。主客若和应走遁，相刑自合必来归。

法曰：失奴婢看酉戌，失小儿看六合，失妻看天后，长者看贵人、青龙，失衣服看太常，失钗钏看太阴，失金银看申金，失玉石亦看金，金生水旺是也。失羊看未，失鸡看酉，失驴骡看卯，失马看午，失猫看寅。若元武落在某位上，要本位受克，不要旺相。如在申上得刀，酉上佩剑，辰戌登云。失牛羊看丑未，失猪看亥，失狗看戌。如临旺相之地，相合将神者，多主便见。如临空亡克煞之地，主难见也。临天驿二马，主逃去远觅不见。若临门户上，便见。如失物，天驿二马移动相生合，主必见。如加道路神子午寅申，远去了难见，如空同断。

《神枢经》走失章

假如十一月大吉将十九日戊辰巳时申地人问走失。

庚　　　申阳金

白虎　　申阳金用爻

天罡　　辰阳土［月将生人元、贵神、地分］

申　　　阳金

断曰：此课问走失，乃是阴人。盖其人主作诸事不顺，逆理犯分而归父母家也，非走失逃窜云。何以论？曰：是课纯阳反阴，课有三金，则三不顺。白虎为凶丧，天罡战斗，大抵卑踰尊、少犯长，故主逆理犯分之谓。其女还父母家，拟于本月二十七日丙子有亲人送来，不必远寻。原课有申辰二字，缺子字，到子上为三合，即是归期也。

大抵走失为常课。四位之分，如上生下自来，下生上投人，有辰字为天罗，戌字为地网，六合出之方，分三合定之归期，驿马定之远近，劫煞为之迟速，事之所败，又在常课而论。克将偷财物，克位盗器物。

占捕逃亡

元武落在某位上，本位如见勾陈，乃为捕捉人口。如见天空脱气，难获。元武临亥子见蛇虎，又加死神、死气，贼人必中路而死。要元武落衰地宜捉，如带凶将来克位，必伤人命，不可近前。假若元武在于空亡克战之地、囚死之乡，其贼年纪老；临旺相有气，其贼年纪幼。若临丑上必自败，临辰巳之上官司捉获。

占亡失去住

玄武入课忧亡失，妻位加刑贼必来。更若太冲乘旺相，纵教防守失资财。大都玄武贼难防，失物须看阴与阳。若是加阳男子取，若加阴位女人将。贼神得位偷难觅，若更相生讵可寻。首式被贼翻制克，必然败露被人擒。

占六畜走失

忽闻牛马厩栏失，便将月将加其日。不知失日将加时，本身位处应寻得。类加支干必知音，若逢克处见其质。

论责玄武法

当以月将加正时，先取将神后玄武一位定之，必见盗贼去处也。

若见功曹若为玄武，贼人在东北沟渠之道，旁近大树，其贼青衣大目。

太冲若为玄武，其贼在东方，是大树冢墓之间，其贼面青、唇缺、身大、头小、脚细。

天罡若为玄武，其贼东南方水傍或破井，其贼黄白色，大恶褰唇恶。

太乙为玄武，其贼东南隅灶窑之中隐，其贼面赤发大鼻锐。

胜光为玄武，其贼在正南落西古墓之中，其贼面黄目小。

传送为玄武，盗藏物在西南鸡栖下，其贼身白面紫。

小吉为玄武，其贼隐在正南岗岭灶窑畔，其贼赤色身轻。

从魁为玄武，贼藏物在县西近陵阜，其贼色黄身长好而骂。①

登明为玄武，其贼藏在西北园中楼子上，其贼短小，面青黄。

神后为玄武，其贼藏在北园中傍水新草下，其贼黑色。

大吉为玄武，其贼正北落东破屋中，其贼黄色身矮大目。

假令辰为才，玄武为贼，身克玄武，即之不逃。若见玄武到克方，反得盗贼之物。欲知盗贼所在及藏物之处，但察玄武所主也。

论失物所藏方位

凡课若见甲乙，藏在戊己之下；见丙丁，藏在庚辛之下；见戊己，藏在壬癸之下；见庚辛，藏在甲乙之下；见壬癸，藏在丙丁之下。

占疾病

占病之法要精论，月将加时位上陈。四仲卒患痛苦病，若逢四孟是天行。
四季定为常患病，辨其刑克定浮沉。克金肺病大肠患，喘逆喘唾鼻痛临。
木主肝胆眼昏视，耳聋痛肿不虚陈。克水肾家膀胱病，腰疼小便产难生。
克火小肠口干渴，喉咽生疮及心疼。克土脾胃不知味，腹胀沉重肺虚迍。
人元为头天官膈，月将腹内地脚真。此是庐医真妙法，孙膑留下不传人。

占病之法妙幽玄，月将加时位上传。人元天神并地局，四位加临一处看。
孟仲季兮前已辨，同起仍看五脏间。甲肝乙胆丙心腹，丁胸戊胃己脾连。
庚辛在肺癸主肾，脏腑须随五色迁。克金喘嗽肚腹泻，克水寒增脐下酸。
克火心痛伤冷物，克木风牙溢怒艰。假令克水病干肾，须详男女别其端。
癸亥或伤为产妇，阳神水气男病缠。会得孙膑占病法，不须诊脉看根源。

占疾病吉凶

占病之法妙最深，月将加时位上寻。四仲卒患苦痛病，四孟天行邪气侵。
四季痼瘵常患病，直须刑克辨浮沉。克金定喘克土胀，克水产妇病来临。
克木痛瘴肝受病，克火应须病人心。只把所传分四段，好凭神课用医针。

---

① 他本另有：河魁为玄武，其贼西北之方，潜藏必在墓边旁，古穴之中所向。面貌淡黄白色，蹇唇颜色斯当。跟舜在意用心肠，莫似活常迁方。

《神枢经》疾病章

假令六月胜光将壬申日辰时，有人站午地问病。

  丙   午阳火　［人元下隔克月将］

  天后   亥阴水用爻　［贵神上克人元，下隔克地分］

  传送   申阳金　［月将上生贵神］

  午   阳火　［地分上克月将］

断曰：此乃是阴人病，上吐下泄，不时肚腹疼痛，头目不清，四肢无力，盖因气恼而病，大象不妨，只是愈迟。何以论？曰：三阳一阴，女人断之，二火为爻，应在用神。又云：水来入火妇难安。如下克上主吐，上克下主泻。又言患足，将受克而为之肚腹，金被火克，故主喘嗽，筋骨四肢疼痛而无力。大象无妨者，亦为用爻有气也。病愈决在秋后，水土长生得合是也。余仿此。

大抵占病之法，以天干为头目，以贵神为胸，以月将为肚腹，以地分为脚足。金主喘嗽，伤主筋骨，以肺论之。克木为之风疾、眼患，以肝论之。克火为烦热、心痛、血疾，又看上下生克，以心论之。克土为之伤胃、饮食、诸疮，以脾论之。克水为增寒、泻痢、水盅，以肾论之。如用神四仲，为之卒患暴病。用神四孟，为之天行邪气。用神四季，谓远久患也。假如火是人，水是病，遇土是医，见木逢生。又年月日时行年遇寅午戌三合或六合助，患者不死而得愈也。课中逢水旺、火休，并劫煞上课，决死无疑。若金克木，其木值死墓日辰乃死之期也。他仿此。

占病症候及得病因

占人病症细寻源，四位加临事可全。金木相加惊悸病，面须青色为刑肝。
火若克金面须赤，咽喉干渴肺相兼。水火面上皮肉黑，水土须兼黄色鲜。
土水面黄脾胃病，心饶惊恐病难痊。更兼劫煞合鬼马，入课加临定赴泉。
欲占得病起因由，但须先向课中搜。四仲饮食因喜事，季神得病为冤仇。
孟因道路兼惊怪，旺相兼衰囚与休。客旺主休由可瘥，客休主旺转为忧。
更看生克兼诸煞，关隔人元位上求。

占病歌

占病先看将与神，财神劫必已沉沦。合中见鬼应须死，伏返临时用细分。

天马丧连相逐处，旺休消息更重论。连马若还无救拔，薤歌应也动比邻。

占病须知轻与重，但看神将自知情。下多克上多沉重，劫煞兼财病不宁。
援神得吉终须吉，援入凶神病转萦。更看关隔如何断，四位须看克与生。

凡人火速请名医，月将加时方上推。神后太冲莫言吉，太乙来时是死期。
天罡从魁灾速至，河魁得病也难医。传送功曹患必愈，胜光小吉却相宜。
登明大吉病当瘥，孙膑课体最先知。

占病临时仔细穷，死因丧吊最为凶。将神俱合财刑克白虎金神病转浓。
煞神克干应难瘥，财鬼伤神不可逢。更值空亡来入户，必须丧祸数重重。

占病须将四位推，忌逢神将不相谐。煞临门上人重祸，干受财刑命转乖。
四土克身为鬼路，三金带煞入泉台。更逢路上丧车到，病者占之决定埋。

往亡入课不宜侵，金火相刑疼痛深。宅内飞禽来送祸，梦中神鬼又来侵。
丁符藏没空须重，将位刑人变哭音。四位神将如带煞，眼前难免泣淋淋。

占病法

占病之法要须论，月将加时位上陈。四仲卒患痛苦病，常须四孟是天行。
四季固为常患病，辨其刑克认浮沉。克金肺病大肠患，喘逆咳唾鼻相临。
木主肝胆眼相连，耳聋痛肿不虚言。克水肾家膀胱病，腰疼小便产生难。
克火小肠口干患，咽喉生疮及心疼。克土脾胃不知味，腹胀沉重肺虚迟。
人元为头天官膈，月将腹内地脚真。此是卢医真妙法，孙宾留下不传人。

占病甚处法

月将加时问行年，便知宿患在何边。大吉明知是患足，神后征明肠似穿。
太冲小吉皆头痛，若见魁罡肿踵缠。巳为胁痛并阴肿，传送心胸疼痛痉。
边身疼痛寅并酉，胜光火热似汤煎。

占病愈不愈

占人有病抑何疑，丘墓丧神命必萎。死刑丧吊终难瘥，天喜同乡犹可医。
劫煞空中刑死气，假饶天喜命须悲。忽然祸患兼逢德，灾厄危时却不危。

常以登明加月建，行年之上看神变。传送功曹无鬼神，六月安康复清健。
若见从魁及太冲，树神祟犯宅神宫。香水求之四月可，若言宿者更无凶。
天罡河魁三月痊，三朝不瘥病连绵。大吉小吉五日可，不可稽求还准前。
天乙登明行年上，伏龙作祟索香烟。清水求之三日可，九天玄女法相传。
胜光神后丈人病，家内喧争为妇人。又因四足为妖怪，求之六日病离身。

占病有祟无祟

月将加时看行年，若见功曹为灶神。太冲宅上神为祟，天罡囚死鬼来侵。
太乙丈人并女鬼，宅神惊动祸来频。胜光更来家厨灶，小吉西南送大神。
传送老翁宅内鬼，从魁新死及家亲。河魁文人对北斗，登明还是犯宅神。
神后北神来作祟，大吉路逢五道军。

占病都解歌

占病都解例更奇，人元为首是根基。老人当得休囚位，年少终将旺处推。
相气只宜占小口，分局刑煞共详之。吉凶多少临时断，参会元元神妙机。
法曰：白虎不要落四季土位，同死神死气并临。如见甲寅木旺，为棺椁神，占病必死，则要生合旺相，与位相生为之有救，吉也。如久病见空亡脱气不宜，新病宜利。如见巳午蛇雀，主血光破损，殃煞太盛，心火不利，及热入眼目，或头破损也。如见申酉虎阴，主风痨筋骨疼痛，及主肚腹虚肿，咳嗽不利。见寅卯龙合，主风瘫瘀病伤损也。见戊己辰戌丑未土神，主脾疾肿痛腰膝俱伤，闭塞心火，主坟墓不安。见亥子元武天后，主气虚弱，肾下水蛊症也。歌曰：问病财官鬼莫连，二神临位命难延。更加丧吊临身气，患者十人九不痊。

占求医

医药占时课细陈，干为患者位医人。医来克病人须瘥，病若刑医命必迍。

药虽克病逢关隔,鬼合难逃病缠身。若更煞神来克客,悲哀声已彻乡邻。

占梦吉凶

法曰:螣蛇临生旺之乡来生本位者,主喜庆之事。如在刑克,必然惊忧血光损失。如贵当雀,必主官中文书动用之吉,家有筵会酒食之事。如加恶神将,官中口舌,伤财不利。见六合,婚姻;见蛇,为惊忧;见虎,道路丧孝;见元武,小人不安;见木①相克,口舌旺相文书信息之事;辰戌,主见恶人官讼;见丑未,必竞田园,相生酒食;太阴,老妇通私事;见贵人,主官事;见青龙,动用财吉。

贼寇门第八

占临敌

欲占争斗交关敌,须将主客课中推。客克方分须客胜,主刑干处客逢悲。将来克客神刑位,自有奸谋外损非。关锁煞神来往用,孙侯兵法未为奇。

《神枢经》交战章

假令八月天罡将十八日庚寅寅时,正北子地报到声息,问贼来与不来,交战胜负何如。

丙②、天空③、功曹④、子⑤。

断曰:此课主贼定来,必是讲和,内中主有虚诈,尤当慎防。大象宜伏兵士,阴谋诡诈取之则胜。何以论?曰:课中见寅午戌三合火局合全神,故主贼来计欲和好。伏下地分子水遥克天干,为之鬼动忧惊怪。然大局有隔角之坏,宜伏兵士阴谋诡诈可全胜也。阳爻阳战,阴爻阴战。论其贼数,审其休旺。如金木数三六九零,水土一五七零,火主二四八零。余占仿此。

---

① 一作未。
② 午阳火贼。
③ 戌阳土先锋。
④ 寅阳木主大将。
⑤ 阳水伏兵士卒。

大抵占问贼情，来与不来，《经》云"上生下兮来善，上克下兮来恶"，俱是客犯于主。下生上兮主觅于客，下克上兮主克夫客。如干克贵神，贼逾墙而入。干克将，贼掠人财物。干克地分，贼偷六畜。如三位不受克，贼不犯疆土。又如见劫煞，客来速而凶恶势众，可以施号令固守提防。如见驿马，客来亦速而凶恶。然此二神乃行移紧急之神。战阵之法，以干为客，以贵神为先锋，以月将为大将，以地分为伏兵士卒。假如天干是金，贵神是木，正谓客来克主，彼强此弱。或月将是火，大将亲出攻战而主大胜。假如贵神是土，月将是木①，地分是火，主伏兵士卒夹攻取之。如四位中俱受克制，定是贼人拥众猖獗，主大将不可轻举，只宜守城，远哨夷情，相机别图，以全功业可也。

《神枢经》安营章

凡出军境外，下寨安营，不可不占。主大将安营之际，申明号令已固，立身四望，或鸦鸣鹊噪，人动马嘶，枪折旗交，风电雷雨，怪异出没，即定方位，取时占之，决无失也。

假如九月卯将十三日辛卯申时，安营下寨，忽西南申地人惊马嘶，疑乎异常，作课占之。

丙　　　　午阳火贼客［干克神、地］

太阴　　　酉阴金主

太冲　　　卯阴木大将用爻［将生干］

申　　　　阳金伏兵劫煞［神、地克将］

断曰：主今晚戌时，贼必入境劫寨偷营，主将受迫，大不利。何以论？曰：课中见天干克贵神，贵神克月将，月将又被地分所克，又见劫煞在于地分，先锋、主将俱受掩迫，故主不利也。何以论戌时？曰：用爻是卯，卯与戌合故也。是夜主将宜拔营于正北子地，寅戌②地道用伏兵人马预备，撤空营待之，必得全胜。

大抵安营不寨于边境，不可不备。假如天干是客，客是贼，贵神是主，亦是先锋，将神是主大将，地分为伏兵士卒。如天干克贵神，有客犯边入境，看其紧急，端在劫煞驿马。如克神将，其贼前面而来，大将受克不利。如克地分，主营后小路而来。论应时三六合取之。假如四位不克，主日夜无事。

---

① 一作水。

② 一作时。

如见朱雀、白虎、螣蛇、元武、太冲、太乙、将克神、神克干，必有惊忧，当申明号令使士卒不惑。

《神枢经》游鲁章①

假令二月戌将二十一日癸卯寅时，午地有人传报声息，贼远近驻所。

戌②、天后③、功曹④、午⑤。

断曰：其贼潜正南午地塘边，大土坡驻牧，主戌日时来，宜大将亲觅，必全胜也。何以论？曰：大将是寅木，遥克戌土，故觅尔得也。天干是戌，乃为大土坡前。天后是水，亦云涧水或池塘。日辰癸卯，月将⑥是亥，以三合言之，而在未时，又见月将是寅，地分是午，应期宜在戌日时也。为何言二期？四位不见驿马劫煞故耳。谓贼多寡，《经》云："金木三六九，水土一五七，火墓二四八。"然理如斯，要看旺相休废生克取之。或以千万数言之，亦人心活法消息之也。是课以用为主，谓水土之言一千五百七十数也。

大抵游都之法，乃出先贤口口相传，不留文字。周之吕望、齐之孙子、汉之子房、唐之李靖，用之者神，计之者胜，如敌人之远近，知贼情之多寡，驻牧山崖、林木、道路、池塘、险要，或攻或守，缓急应变，见机而作。假如觅贼，先论天干，次论用神，天干决驻牧之所，用神定来贼之数。如天干是甲乙，其贼潜伏山林之中。用神是亥子，其贼亦潜林木水边。甲木为之大林，乙木为之孤林，草木之旁。如天干是丙丁，其贼潜高岭边。课中见上克下，其贼潜岭下；如下克上，其贼潜岭上，又当言岭之高也。天干是戊己，其贼潜土坡山岗之畔。天干是庚辛，其贼潜要害道路之所，道路斜正，又当推克制论之。庚为大道，辛为小道。如干是壬癸，其贼潜长河之边。《经》云："金为水之原，而言河之长。土乃水之官，而云沟与涧。"深浅之妙，亦在上下刑克详之。上克下，其贼必来劫掠，主将备之勿忽。上生下，其贼亦来寻我。课中见劫煞，来速而凶。下生上，不见劫煞入课，贼虽远而决可见也。

---

① 觅贼方所歌详《璧玉经》。
② 阳土贼所。
③ 亥阴水用爻。
④ 寅阳木。
⑤ 阳火。
⑥ 当作贵神。

占失盗

觉失盗贼考正时，俱于方上法求之。若知失日加本日，不知失日将加时。
二上克下主失物，二下克上动官词。将克主时财不失，主如克客必破之。
人元克主主失物，主克人元贼伤肌。将克人元财不失，人元克将失财资。
临辰戌时还入网，九个十个败闻之。

元武入课忧亡失，妻位加刑贼必来。更若太冲乘旺相，纵教防守失资财。
大都元武贼难防，失物须看阴与阳。若是加阳男子取，若加阴位女人将。
贼神得位财难觅，若更相生作可寻。首饰被贼相刑克，必然败露被人擒。

失贼之法有玄机，觉失贼时考正时。月将若克方位上，其贼伤人取财欺。
方克月将财应少，干克神兮定空回。干若合兮为去路，唯情好乐验根基。

《神枢经》捕盗章

常照例以干寻贵神，行十二位到元武处住，再如例加月将、人元，立成一课，便知盗贼方向，行止潜藏，得与不得。

假令六月胜光将辛酉日寅时亥地，出行捕捉。

  己 阴土［人元下克神，遥克位］

玄武 子阳水用爻

太冲 卯阴木［月将上隔克人元］

  亥 阴水驿马［贵神、地分夹生月将］

断曰：其贼鸠合五人在正东卯地人家潜住，其住宅东南有坟园，应于七一五日得也。课亥地分有驿马，又主往来不定，终能得获。何也？曰：玄武是贼，落亥卯地，水来生木，故主贼不能远去。天干己土能克玄武，故终获也。内卯木遥克天干，故主迟得也。七月是申，值辰戌日，其贼必败。①

捕盗之法，专论玄武，亦有太冲，如二神入课，必不一人作贼，有三六人也。如玄武旺，终不获。如玄武受制，其贼败露必获矣。

---

① 七一五日当作七月辰戌日。

鸟兽门第九

占禽噪吉凶

忽见禽鸣高树枝,便将月将加正时。大吉前逢铜铁至,太乙登明见乞儿。
天罡河魁主斗讼,小吉妇将酒食携。功曹传送为客至,子午酒肉会邀期。
太冲船车冲劫煞,从魁夫妇索休离。更把贵神详善恶,或凶或吉悉前知。

占失六畜

欲知牛马去何方,月将加时四位详。牛马失亡为去路,煞神克位悉伤残。
火主汤镬金作鬼,此名牛鸟煞中亡。四位相生关必喜,往亡牛马不还乡。

忽闻牛马忧相失,便将月将加其日。不知失日将加时,本身旺处应寻得。
失牛大吉所相逢,失马无非论胜光。失猪还向登明下,驴犬河魁底处详。
未为小吉羊栏里,酉鸡卯兔车船班。辰戌骡驴奴仆处,应是文书认往还。
假令大吉临午地,失牛但觅南乡里。前行九里得之期,若逢克住牛方位。
五九七八自相乘,得知便是行里数。

《神枢经》六畜章

假令人问失马,以月将加时行至分位,数至胜光即止,加贵神天干,便知马有无下落,方分期限,不出三合六合。且如胜光不受克制,其马得;受克制,其马失。此正所谓克者为无从旺断也。又曰大吉是牛,小吉是羊,河魁为驴骡。如天干是甲乙,其畜系树下,是丙丁,藏高岭,戊己潜土坡,壬癸近水塘,庚辛临道路,湾环曲直宽窄,又在生克详究。

饮食门第十

饮食酒馔客排轮,月将加时位上寻。日干为肉月将面,金为爆炒面相迎。
木美菜味兼涝漉,水为煮炸妙看宾。火作蒸食兼炊焰,土为涂物火中成。

四仲加临为果子，丑未面食辰戌药。看神好乐何馔馐，仔细研穷莫浪谴。

菜蔬别取认的真，月将加时位上陈。丑为野菜寅莙蓬，卯兼园圃是蔓菁。
辰为菠菱巳莴苣，午为茄子不虚名。未为茼蒿兰香味，申为柠头莪豆芩。
酉为葱韭兼萝蔔，戌为马齿配葫芹。亥主芸苔加葵子，子为白芥及菠菱。

凡占食器验其真，月将加时坐上陈。孟匙仲箸季是钵，阳碗阴碟认五行。
寅椀卯碟并盂子，辰戌罇铛又瓦瓶。巳午盏子未托罐，申瓯酉盏名细磁。
亥是壶格磁盏子，子瓶丑杓认本情。莫交差变五行理，成去二法取相刑。

神课金口诀卷六

论神课六十甲子钤第一

甲、贵神、子：上克下，主有外人相谋害自己。克神将，主破财，伤小口，亦主争田土官事。

乙、螣蛇、丑：上生下，主有惊恐，亦主争田土文字，又咒咀破财、物或伤，老母牛伤，为阴见阴，更人元克地分也。

丙、朱雀、寅：下生上，主文状动挠，发火光，有女嫁出门，为见下生上也。又主有人在外，故致忧也。

丁、六合、卯：下生上，主成合交易，使作公吏，亦有官司，文状动，更主移宅，及更改门户、自己欲寻人也。

戊、勾陈、辰：比和，主兄弟相争，其家无子孙，主孤独，整理房宅、庄田。亦主后妇淫妒。射物是圆。不宜问病，必主凶也。

己、青龙、巳：神生将，主文字动。贵神克人元，主官事、远信、悲泣之挠，亦主自己欲谋害他人。占病在头目，以人元受克故也。

庚、天后、午：神克将，主官事、血光、马亡、妻死。人元生贵神，主妇人欲生外心。行移神动，主移门、展宅、接屋之象。有地分遥克人元，主官事逃移。何以知之？水能润下，火能炎上故也。

辛、太阴、未：下生上，主阴人财帛暗昧之事，一妇人欲生外心。庚辛亦为行移之道路，未主孤寡妇人，下生上，亦主出外，或有财帛逐他人。此课纯阴，必主纯淫妇人也。

壬、元武、申：下生上，主道路有人走失，或是四足。邀候主见个亲人，相随必带财帛，或避官事走也。占怪光影。

癸、太常、酉：神生将，主得阴人外财，因娶得后妇财，因此富。贵神克人元，主妇人争财帛，发动官事。

甲、白虎、戌：先以下克上，主官事发动，有人在外死。以白虎临戌，戌为骸骨之神也。白虎又为死亡、道路、孝服之神，主其家必欲大葬，或遗失骨殖，或走失四足。占怪同为四足。占病而主大凶。

乙、天空、亥：以上克下，先以神克将，主争田土，伤小口女人。又人元克神，主有外人来相谋害，亦主争田土事，必见刑狱。何以知之？为乙为六合木，天空是戌，戌土本为入木，为刑狱，"土行水上竞庄田"，所以见争田地之象也。其家必无尊长，或出僧，主破败之事。

丙、天后、子：主病患事，家中有井，凶。或外人来投井。下克上，主官事，主妇人杀夫两次。占事从内发，占病在头目，占宅主散乱，占怪主虚空。

丁、太阴、丑：先以人元克贵神，主其人病患疼痛，为火在上，其人虽患心腹，却为神将相救。自下来生，却主妇人带父母田产到夫家。移宅吉。

戊、玄武、寅：神生将，寅为财帛神，玄武为神贼，上生下，主破败财。又人元克贵神，主外来谋害逃走事也。占怪光影形象，或是神树为祟，亦主争田土事。

己、太常、卯：以下克上，主阴人争财帛，因此分居。其家先伤长妇，孝服在身，移居则吉。更主有小口伤，阴人病患。占病在头目，占家主失财，主窗穿，或有孔窍，失钱财也。

庚、白虎、辰：下生上也，主凶丧动。人元与贵神同，主凶两次。亦主有兄弟出入往来，或走失奴婢并四足，或争道陌也。

辛、天空、巳：下生上，主钱财空诈。又将神遥克人元，财帛官事，或争头面上物，其人必避官事逃走也。亦主争道路，或四足游行，又主灶厨惊恐。

壬、贵神、午：先以下克上，主尊长发动官事，为贵神克人元。将在土上，主有女子昏昧。人元遥克道神，主破财，又常有频频灵贼，伤财，灾及小口也。

癸、螣蛇、未：先以上克下，人元克贵神，螣蛇在土上，故主火无根蒂，更在外被人谋害，主伤产妇，应在六月。其家必无父母，亦出淫乱之人也。

甲、朱雀、申：先以贵神克将，主官事破财。又将反克人元，亦主官事，或争道，或争妇人头面饰物。

乙、六合、酉：主官事，急速临门，或追捉亲人，即争有伤，或有奴婢走失应也。

丙、勾辰、戌：主两个亲人相争田宅，文字交差，为一火生二土，所以相争而有交加也。其家主孤独，两世不葬，占物是圆，占坟主移。

丁、青龙、亥：下生上，主新立了神树，或移改旧宅，主神未安宁，其家见今觅投吏人，及得祖父母田宅，或父母曾作官。

戊、太阴、子：神生将，主子孙聪明。为人元是土，贵神是金，金土相生，主阴人有不明之事。又人元遥克将，主破财，丝蚕不成，家内虚耗。主妇人欲生外心，亦有暗昧事也。

己、玄武、丑：主两家争田土以比邻，田宅频频失财。或被人偷了牛来，其家伤小口，亦主两次有哭泣事，为见二土克一水也。

庚、太常、寅：主破财，伤尊长父母，以人元反克将神，主无翁父，其家人死财散不绝，为太常是孤独之神，更得白虎在上临门，所以凶也。

辛、白虎、卯：二上克下，先主官事，后伤人口，为白虎临门也。其家主移居、见怪及四足木声。

壬、天空、辰：主争田土，或斗讼，四足走失。占怪主虚空，占病在头目，占宅主散乱，有井主凶，占行路主疾病也。

癸、螣蛇、巳：主惊恐火发，妇人争讼病患。为一水克二火，皆主官灾，或争飞禽，或神不宁也。

甲、朱雀、午：主文字交差，为神将同家。上生下，主妇人淫乱，其家与一亲人争官，发火光也。

乙、六合、未：二上克下，主妻死，再娶破财，铜器鸣，家中后妇不绝，为六合临门也。

丙、勾陈、申：主官事勾连。丙是火，与申金遥相克，主争张金银，或争头面物，或争道，或妇人田宅之事。

丁、青龙、酉：下克上，有官事临门，必遭杀却神树，所争役吏临门，亦有病人，以人元反克将神，所以内乱、阴人争，亦主贵人私情事。

戊、贵人、戌：两兄弟一贵人，同姓争田宅，或新葬了。占怀藏主圆物，占宅主无子孙，但三世孤独。

己、天后、亥：上克下，主妇人病，亦有官事，见血光。人元返克地分，亦伤小口，患眼，主家不和，移宅吉。

庚、朱雀、子：主妇人投井，以下克上故也。或争河道，或火发惊恐，亦或厨灶破。又主女人患病，人元为朱雀所克，更主官事逃移。

辛、六合、丑：上克下，主伤母，亦主无妻，更主损牛。以金入木乡，忧口舌。木来入土，为刑狱，主官事，大凶也。

壬、勾陈、寅：下克上，主官事，争田土，妇人必伤。为土行水上，木入土中，故主官事，更主自缢而伤，或水溺，或破磁盆器所伤，惊恐也。以玄武为贼，水被克，故主溺矣。

癸、青龙、卯：上生下，主鬼怪动，有宅就树影人家及铜铁鸣，主有杀害。又以癸卯纳音见金，故如此。其人无子孙，妻财无归着，更失财，或将财物，出入一户，主鬼贼。

甲、贵神、辰：上克下，主尊长病，更主争讼官事。又人元遥克将，亦主破财，或器物有伤，或有口愿。又主家神临之，亦无子孙。

乙、天后、巳：上克下，主伤小口。天后生人元，主妇人生外心。又主灶神动，宜慎火光，或金鸣。为见乙巳，纳音为火，以一水动克，故如此。又主妇人淫乱，外人谋害，主病昏昧死。

丙、太阴、午：二火克一金，先伤阴人，内痨嗽喘疾死；后主发火光两次，哭泣更害疮，人亦主在外死者应之。

丁、玄武、未：下克上，主官事贼盗，为未是井，又贼水临之，主溺伤小口，或河伤也。又在外欲谋人，被人反谋害也。

戊、太常、申：上生下，主行神动，有妇女带财帛出外，更有亲人相随，亦主争田土事也。

己、白虎、酉：上生下，主亲人出外，或有军人却来回家。以人元生白虎，白虎动临门，即以或入家，或主出外也。主走失人口，更主祖父母自将财帛出外见喜也。占病凶。

庚、天空、戌：下生上，庚是动移之神，须主两次移宅，或移坟墓。其家主孤独，或有僧道出游。

辛、螣蛇、亥：先以将克神，主妇人病，后有官事，为人元受克，亦主妇人头面上物也。又主妇人出外生产，以庚辛为道路事。

壬、朱雀、子：以二水克一火，主伤妇人两口，或是投井死，以壬子为贼水。后有官事文状，为朱雀是午，午为鞍马，主争鞍马事。玄武亦主文状勾连，或见血光死亡，伤四足。或皮血，或遗失文字，皆以朱雀受克也。

癸、六合、丑：先以上克下，主有官事，或者偷了牛，为见壬癸水是贼神，六合是门户，更将神反克人元，主争比邻畔。

甲、白虎、寅：先以神克将，主口舌破财，又以贵神克人元，主官事。甲与寅为一家之木，金在中心间之，主兄弟分散，以无尊长也。又主争杀了神树，其家凶丧不绝，移宅则吉。

乙、天空、卯：两木克一土，主其家多有虚耗死亡，子孙更主有僧外出，自缢而伤，或当门破了器物。亦主有官事。占怪见犬，或伏尸作祟。

丙、天后、辰：先以下克上，主妇人病患，又主争田土，以辰主斗讼故也。更上见水神，又以贵神克人元，主宅内有两次走失，更伤妇人也。

丁、玄武、巳：以两火夹一水，主两阴人小口争斗，先伤在下一口在上者，主止于疾病，以水性润下，即以在下者伤也。更主被人偷了锅铛釜灶之属。又以众禽入宅，主有伤害也。

戊、勾陈、午：下生上，主文状立，争田土。勾陈主有文状，或妇人行游，更主移宅吉。

己、青龙、未：主土在两头，一木间之，主其家分另。神克将，主妻亡财破，或妇人自缢死，更主鬼怪缠缴妇人，仍出师婆。贵神又克人元，亦主官事。

庚、朱雀、申：主兄弟有官事，或是妇人头上物色。庚主道路火气灾，亦主妇人淫佚游行，以在凶迫，故走也。其家亦主子孙不和，二金为火即间。

辛、螣蛇、酉：辛临本家，火在中心间之，主频频破财，官事不绝，亦无子孙也。更伤母，为课中阴见阴也。凡为阳见阳，阴见阴皆为不比，故凶。亦有火光，主妇人头面上物，铜铁作怪，欲移门户应之即大吉。

壬、青龙、戌：先以上克下，主刑狱事。又主盗贼入家，失了大子，或器物即伤也。盖壬为贼神，青龙为财，戌为骸骨之神，其家或失了祖父母骨殖。主家中病患，常见怪也。

癸、天空、亥：以两水为一土间之，主官事，争田土在中心，两家争邻畔，或争次邻财，更主伤小口，夜里作现四足作怪。主兄弟不义，分其家产，必无子孙，只有一僧应之。

神课解入式吉凶法第二

解曰：凡占课，《入式歌》言其大象，五动爻观其大意，以格局看其事体，凭驿马神煞定其吉凶，以空亡、月破、支干、三合、六合验其成败。潜心推测，无不神妙。①

入式之法妙通玄，月将加时方上传。更看何神同何位，

凡课有四神位：一地分也、二月将也、三贵神也、四五子元建也。此四神都在一方位上，认其十干之五行、十二支神、十二月将、十二地分，看何神同一位取之，以辨吉凶。或相生，或相克，或比和，或间隔，或被刑，或带煞，更于一位之中，旺相死囚休、被之祸福成败，可以端坐而遂知之矣。

解曰：凡课有四位：一地分、二月将、三贵神、四人元。一地分，是问课人所立之方或所坐之方是也。二月将，是正月登明从亥逆周十二位，以定十二月也。三贵神，是天乙贵神也。照"甲戊庚日牛羊"之例，其用"牛羊"二位取昼夜，以行顺逆之义。四人元，是五子元遁"甲己还加甲"也。以所占之日，依例而取。

日干须用五子元。

五子元者十干，即建也。既于地分一得神将，又得贵神，末后把今日日干之建遁到，即占方位上看带是何干，共成四位为课。

解曰：假令二月戌将，丙寅日午时，以申地占之，就用月将加于午上，数至申地行子将神后，仍起贵神。丙丁猪鸡位，将"贵"字加亥上，顺数至申得玄武。五子元遁丙辛从戊子，于子上数至申，亦得丙字，属火；地支申字属金，贵神将神属水，以其生克制化而定吉凶。余例仿此。

克者为无从旺断，

为无者，是四位内受克之神，看其轻重，重则必死人一口，故曰"克者为无从旺断"者，只取四位内无克者旺神，必然有喜也，故"从旺断"。

解曰："为无"者，是四位内俱无克，只取旺神为用，故曰"从旺断"。

---

① 点校者按：《入式歌》非常重要，故本书亦收入通行本注释，并加"解曰"二字以别之。

五行之内细推元。

只四位内辨五行有克无克,以见吉凶。

更将神将详凶吉,

以贵神为主,① 以月将为相,② 以十分灾福为率,有七分在此二神分辨,兼有首尾。首尾者,人元地分也。以其始事故为首,以其成事故为尾。至于论一课之首尾,则人元为首,而地分为尾矣。是以贵神与人元分其宾主,将神与地分分其财宅,又神与将各定善恶,以断休咎。将也,神也,人元也,分下中上为初中末。及其断灾福,亦看地分取之。

方察来人见的端。

察来人方位,问从何方来,为发课目十二地分,地分上有十二将神,又有十二贵神,上有人元,宜于四位内察之。得吉神上来,主有财帛之喜、迁进之事,后旺成合就,百事不为凶。若带凶神凶位上来,多有死亡、走失、争斗、狱讼、官灾、疾病之灾也。又以方位知来意,以坐位知灾福,以来人命上知成败,用日辰定之,然后定时,四位内消息无不神验也。

二木为爻求难得,

发课时须审四位,如四位内见二木者,不宜谋就,或难成也。○假令地分在寅上,遁见太冲,是二木也。若贵神却是水,水下生二木,卯为门户,应财在门,地分为寅,寅为财帛。此二木得水,化为生气,亦有喜事七里应之也。更人元见土神,又以财帛课论之。土为我身,更贵神克天后水,主后客旺也。二木化为财帛,更逢克人元,必有大喜应之。虽有二木,又何难求?审而用之,慎无执一。

二土比和迟晚看。

四位内见二土,有主客作事迟晚,虽有成而迟滞也。○假令其家求财或财帛,于四位内见二土,或地分是土,或人元是水,却主有喜事两重也。更得贵神是木,木为主人,主自克财土,皆无气,财反遥克人元,主客又相生,故家财必得矣。虽见二土主迟滞,然求之立有大喜两重应之。

---

① 主者,尊神也。
② 相者,取事也。

二金刑克都无顺，

四位内见二金主凶，又主不顺。○假令人元是金，贵神亦是金，月将是木，更相刑杀，故主凶。主亡妻之灾，为二金克阴木，主杀妻也。取二金下克贵神，亦主破财，蚕丝不成。○假令将神是金，贵神是金，人元是木，上克人元，亦为二金，须主官事灾厄，更恶煞交割，但主客受刑，贵则不顺，官讼之中获吉矣。又加二金在两头，上下见水及土，主有喜事。又如水在中心，主家产女子。假如土在中心，主子孙出外为商旅。如上下比和，必有进财添田土之喜，不然移宅应之。

二火为灾百事残。

谓四位见火为凶，虽见二火，故为凶神，殊不知见之却有喜庆者。○假令南方午也为一火，更得伏吟胜光火，见临午地，若更得朱雀在上临其家，其人元又得土化为我身，其家必大富也。若二火二水，百无一好，亦主大凶，水土失财。水下家不和。若二水在两头，主妇人产生。若二火在上，主夫妻不睦，须主分离。

二水皆为大吉象，

见二水，不必便为喜用，不必便为凶断，须明神将，以定吉凶。故四位之中见二水，或比和，或间隔，或冲刑，或被杀，或生或克，亦无体也。○假令伏位是子，外为二水，上见二土，必伤两口人。又须破财，盗贼相谋害也。又如二火在土，必有官事分离之忧；如二木在上，出外求财大喜。见二木内有青龙，主财帛。如见六合，主成合婚姻及和会，交关役吏。如见火在木上，主有女嫁出。占宅，主南面展出。又如二火在上，二水在下，须出狂面瘆病死者。二水在上，二火在下，出产死鬼，主妇嫌夫之象，又主火惊三两次。

水来入火妇难安。

水来克火者，以巳火为将，立于四季土上，是火无根蒂，更被水来上克，而人元不救，主妇人心痛死也。○假令贵神是火带休衰气，而亥子来克，占身主父母死亡。三水上克下，火不能生，其家必主死三口。二水上克下，主死二口。一水克二火，只主事为灾也。

以上二说更要详旺相休囚而决。按：此必用神是阴或妻爻发动，故从妇言也。难安，疼痛诸疾为是。盖水火相搏故耳。遇土克水则为有救。

金入木乡忧口舌，

金入木乡者，以申酉加临寅卯，内有冲刑。更上见朱雀、螣蛇，口舌斗争。或见辰戌发用，无不争讼也。

火临金位有迍邅。

谓巳午火临申酉也。如上更见玄武，主贼谋、文状、论讼，或见官、争田土而必失理。若更见贵神，主许了口愿。若更见青龙，亦主官事为挠，或争财帛金银也。若更见六合，主门上追呼，以午为内也。若更见巳，主忧怪血光。

木来入土为刑狱，

木入土者，谓辰戌二神在巳亥上，又上见青龙六合，是为木入土也。更上见金，则其罪不轻，主斩杀厄。土在上主刑，后又主争财帛。见火主血光。

土行水上竞庄田。

谓辰戌丑未加临亥子也。主争立事田庄，如不见四季土，只勾陈临月将，或亥子上同，或玄武临月，大吉亦同。又取朱雀临未，螣蛇临亥子，亦主争道之事。

上克下兮从外入，下克上兮向外迁。

事有从外起者，有从内起者。凡人元克贵神、克将神，或重重自上克下，皆主事从外入也。凡将神克贵神，贵神克人元，或重重自下克上，皆主事从内起也。

主克客兮来索物，客克主兮客空还。

以此身占言之，贵神为己。以求财言之，即以贵神为财，人元为主。以主怨客，故来索物。以言伤主，故主畏避而客空还。凡有即来，皆详主客。主客不睦，之何有得。

四位相生百事吉，内有刑克忧患缠。

凡四位，相生即占无不吉，相克则无不凶。更看何位受克，克人元主官事，克贵神伤尊长，克将神伤妻，克地分伤小口财。凶神有生，凶中获吉；吉神有克，吉中隐凶。

但取寅申为贵神，子午卯酉吃食言。巳亥常为乞索物，小吉妇女酒食筵。

寅为天使，申为天城，故为贵客。小吉主妇人酒食宴会，亦可以邀候用也。子午卯酉为吃食果物类，巳亥为乞丐之物，亦可以为射覆用。此课灾福亦准此。

水土金火为窑灶，

四位内各依次叙，主争田土。如占宅，必周回而窑灶地。占怀中，主瓦器。

庚辛碓磨及门窗。

月将加正时行到本位上，见庚为磨，见辛为碓；见庚为门，见辛为窗，亦为水道也。

庚午改门并接屋，

如人元见庚加于午，必是改门，主南面展掇，不然接其门，或西南一根柱曾接来也。如见二金，更主增接橡也。如上克下，其家石头必侧。

四孟相生有草房。

四孟者，寅申巳亥也。○假令行五子元遁见壬寅，是为相生，其家必有草房也。

丙丁旺处人最恶，

凡课宅，更看四位是何神乘旺气。若见火旺，不惟在高岗上住，主其家人必恶狠戾也。壬主不义，火主贼谋，金主不顺，依此为类推之也。

与姓相生子孙昌。

即旺辰与本姓相生，主子孙昌盛。○假令课内火旺，又是角徵宫姓人占之，是宅有气又相生也。更于制最吉。

四位相刑主有克，上下相生福满堂。

凡课人命前五辰为宅，命后三辰为庄。○假令卯生人问课，即申是宅，便于宅上作方位，遁成四课，贵相生吉，相克凶也。如四位内三上克下，主破了天窗。三下克上，主屋舍必塌坏，又主破败。亦有子孙独弱不均，其后主有后妇也。三下克上，此课主官事重重，合灾滞，多有患头目之人，最凶。若四位内二下克上，亦主官事病患。二上克下，主煞妻男。故云"上克下兮宅必下，下克上兮岭头庄"。此宅亦主盖破财也。

上克下兮宅必下，

○假令十月将是寅，甲子日寅时，以辰为位，上见天罡为伏吟，辰为冈岭之神也；又旺见六合木，木克两头，其家主不和，更无祖父。为木克天罡，又人元是戊，其与辰皆为一家，二克之主，兄弟分张。更木在中心，土在两头，大者主会争官事，小者商途必死。其庄在东西侧下住也。

下克上兮岭头庄。

○假令十月将，甲子日、亥时、巳位，传见申临巳，亦为下克上，又得勾陈在上，其庄在南山侧下门而西关也。不然去西，其家妇人争张。凡占宅，四位内见火旺，主宅在高冈上，其宅与其姓相生有气，主大喜。如姓旺气在内却克于下，主家内有分张事。其家主虽有旺气，主家人必凶恶也。四位内见土旺，主宅必重冈上住也。其家必有立坟，或近丘墓住。若土上见木，必主痛亡苦死之人。四位内见木旺有官事，其家主新居屋舍，必林木蔚茂，兄弟不义。如木上见金，亦主词讼。木上见水，主财帛大喜。木上见火，主家内生女子。如火上见火，主家中阴人患病也。四位内见金旺者，金为克刑之神，主其家斗讼，兄弟不义，合出军人，入庙出武贵，亦主人凶恶也。如旺金上见土神，主多般灾厄。比和合，主先凶后喜也。如金上见木，主伤六畜。见火大凶，又主官事，患病者愈凶。如金上见水主大吉。若是玄武水，主作偷盗之人。四位内见水旺，主出作贼人。其宅当近河，有水灾，出丑貌子孙，亦常为贼侵害也。火在上主产厄，在下夫妻不和。木在上有财帛之喜，见金亦喜。上见土不利产妇，或水气残病死也。

甲乙为林单见树，

只用人元再建，如上见甲乙，行到本位，必为林木。如单见，或为双树子，或为单树子。如甲乙临水，其家必有菜园，内有小树子一棵。如甲乙行土上，其树必有枯枝。如甲乙临火，主有花树子，树子亦焦干，必然有溪。如临金，亦主有树木，其树必虚空，多是槐树也。

见金枝损及皮伤。

行人元两遍，云只依人元上取之。如甲乙对冲庚辛，被庚辛遥克，其树必无枝与皮也。见阳克枝，见阴克皮。

丙丁旺处为高岭，

亦行人元两遍，如见丙丁旺处，必有高岭横冈。若临子丑亦同。临午未为东西横，临寅卯辰巳申酉戌亥为南北横，更水冲为道，亦为水沟穿之。上有克为山冈草。如丙丁临寅卯木位，必有山林也。

庚辛为斜道宜详。

亦行人元两遍，其东西南北亦依前法。在四孟上见庚辛，其道必斜。又云：干为大道，支为小道。如火对冲为岔道，必分头去也。如临本位，必为大道。若别方位上见为小道也。

戊己为坟看旺处，

亦行人元两遍为法。若临旺处无克，必有坟墓。课内死者患何病而死，亦依后占病法断之。若要见着何色衣服，再以人元两度遁之，只用纳音推其颜色也。

土为坟陇痛苦殃。

如戊己在庚，或在寅木位上，其坟痛灾，或主墓灾，倒塌必曾辰来。如见青龙六合，墓上必有花树子也。甲为林，乙为草，纳音为花。

壬癸长河及沟涧，

人元见癸为河涧，纳音见水必有水。若被戊己冲对为道。又云：河与道交遇，如见大吉必有土桥，见太冲必有船及桥，亦必有车。

湾环曲折见刑伤。

壬癸为河涧，如见壬寅癸卯，其河南北长水向南流，为南见丙丁在前也，故旺处刑克，即上却前。见辰暗克，水必向东南然，故主南去。须向北入乾，为下克上，故如此也。①

大树死时家长丧，水上来穿近涧边。贵神神祠并堂殿，太阴碓磨共相连。
前一螣蛇为窑灶，朱雀巢窠空里悬。六合树木看生死，勾陈滩涧土堆前。
青龙神树并枪刃，天后池塘涧水泉。玄武鬼神并图书，太常酒食五谷全。
白虎道路及刀剑，天空庙宇道僧仙。此是孙宾真甲子，天地移来掌内观。

解曰：此一段言十二贵神占宅外景所主也。

天乙家堂佛像言，珍珠钗钏异服鲜。螣蛇花锦妇人作，更有惊怪窑灶前。
朱雀笼缸或书画，氊皮毛毡架头妍。六合盘斗角门内，担子木杓植床联。
勾陈盆瓮灰糠谷，破衣棉絮旧条单。青龙图画神龙树，台镜衣衫刀剑全。
天后水盆瓶与盏，系麻索子菜篮圆。太阴石头须有眼，古刀快钝看锋间。
玄武布麻绸绢等，磁盆细盏物刚坚。太常倚壁刀枪立，笛横悬索共垂帘。
白虎石磨及狮子，盏瓶瓦瓮藏头边。天空葫芦旧经集，铜盂素珠幡幢悬。

解曰：此一段占宅内景，俱本于《神枢经》也。

---

① 点校者注：以下二段，官板本无，据通行本及订正本补入。

附：六壬神枢经秘诀

入式之法妙通玄，月将加时方位端。更看何神通一位，五子元中见日干。
克者为无从旺断，五行之内细推看。辨其将神详凶吉，方察来人见的端。
动者为客不动主，神为财兮定克看。主克客兮财必损，客克主兮定争官。
客克主兮末索物，主克客兮客空还。加到本乡财不动，相生喜忻总团圆。
二木为爻求难得，二土比和迟晚看。二水皆须为大吉，水来入火妇难安。
二金刑克都无顺，二火为灾百事残。牛马频频有死损，田蚕破散聚为难。
水木必定为交易，刑克犯者隔关山。水来入火火入水，亡失争财竟土田。
金来入火频有死，口舌纷纷竟连绵。木来入土主刑狱，土刑水上竟田庄。
上克下兮从外人，下克上兮内外观。但取寅申为贵客，子午卯酉酒食筵。
巳亥常为吃食物，辰戌争斗事多般。丑为铜铁金银数，小喜妇女酒食仙。
四位相生万事吉，内有刑冲忧患缠。此是孙宾真甲子，万事由来掌内观。

论旺相死囚休法第三

天乙贵神为首，常居己丑土，主贵人之事，上下皆和，主贵增福位。上生下，主贵人喜。下生上，主贵人迁官。上克下，主贵人离散远游，主凶。下克上，主其人忧患。旺主贵人升高位，相主贵人得财，死主贵人死丧事，囚主贵人狱讼事，休主贵人疾病。

前一腾蛇，常居丁巳火，主怪梦忧疑病患惊恐之事，比和主惊恐。上生下，惊恐在后。下生上，主惊恐在前。内战为忧火怪，外战外忧火怪惊恐。旺主官事惊恐，相主酒食斗争惊恐，死丧惊恐，囚主牢狱系禁惊恐，休主疾病惊恐。

前二朱雀，常居丙午火，主文字口舌，比和主印信之事。上生下，主文字暗昧。下生上，主口舌不成，外战口舌外至。内战奸邪内主。旺主官事口舌，相主争钱物口舌，死主凶丧口舌，囚主系口舌，休主妇女奸淫欲，主文字亦然。

前三六合，常居乙卯木，主阴私喜美之事，比和主论讼、寄财物。上生下，主出入为凶。下生上，主宴会、远行。外战直外忧动，内战主内争阴人财物。旺主婚姻之事，相主官事婚姻，死主阴私奸取，囚主病者不至死，休主病者因伤财物。

前四勾陈，常居戊辰土，主勾晋斗讼事，比和主谋争田宅。上生下，主论讼有理。下生上，亦主争田宅，同谋者比。外战外争，内战内争。旺主贵人争质，相主钱物，死主争坟墓，囚主争囚禁，休主争讼六畜事。

前五青龙，常居甲寅木，主财物喜庆，比和主信望财帛之喜。上生下，受印信财物。下生上，主贵人获福，亦主酒食欢会。外战主财物外耗，内战主财物内损。旺主贵人有喜，相主所求必得，死主死失机财，囚主囚人争财，休主病者有失财之事。

后一天后，常居癸亥水，主阴私喜美燕会之事，比和主与阴人燕会之事。上生下，主妇人作念。下生上，主有故旧交知相见之事。内战内斗，外战外斗。旺主妇人燕会，相主欲喜，死主妇人死丧吊慰，休囚主妇人病患事。

后二太阴，常居辛酉金，主阴私闭匿事，比和主阴暗争巳。上生下，主阴私喜庆。下生上，奸淫人忧。外战主奸人逃亡，内战主内斗斗谋。旺主贵人阴私，相主阴私酒食交易，死主死因六畜，囚主死亡走失，休主盗贼图谋之事，皆主暗昧也。

后三玄武，常居壬子水，主盗贼之事，比和主奸谋奸盗。上生下，主盗贼逃亡。下生上，主盗贼还伏。外战盗贼外去，内战分物至争。旺相皆主盗贼凶横，囚休皆主败凶。此神大抵旺死囚休皆主凶也。

后四太常，常居己未土，主衣服冠带酒食妇人财帛，比和荣旺主欢美利。上生下，主贵人赐衣服酒。下生上，主远行财喜。外战外有口舌女人为灾，内战主家中财帛散失、妻女逃亡。旺主得阴人财帛，相主阴人有酒食和会之事，死囚主妇人病患，休主妇人淫乱之事。

后五白虎，常居庚申金，主道路事动，或有人出外，又主凶丧之事。上生下，主外人引带家人远出。下生上，主自行。上克下，主有军人。下克上，主有丧孝。旺相死囚休皆主凶。

后六天空，常居戊戌土，主虚诈不实之事，亦出僧道。上生下，主有僧在家。下生上，主有僧在外僧病患。旺主家中出朱紫色衣人，相主家人福上增福，死僧在外死，囚主有官事，休主被恶人相欺凌之事。

论休旺吉凶法第四

凡四位内皆以贵神为主，但看四位相生、相克、比和，或隔位生克，看甚神最旺之神，即知贵神在旺相死囚也。有位内之旺神，有四季之旺神，有日下之旺神。相死休囚，皆如此参校用之也。

天乙贵神：土、贵神、火、水。

法曰：此课主贵神旺也。四位内火为水克，水为土克，火又来生土，即以土旺，今天乙贵神属土，此为贵神乘旺气也。上生下，贵人有喜。下生上，主贵人迁位，不然有大财喜庆。上克下，主贵人合故远游，主凶。下克上，主其人忧远信及有官事。旺主贵人升高位、增福庆、迁职品，相主贵人得大财喜，死主贵人死丧、更无尊长，囚主贵人官讼无理，休主贵人家内人口疾病难安或是长患病。来意只为贵人尊长迁改之事。

前一螣蛇：水、螣蛇、金、土。

此课只见土旺。以水克火，火克金，土克水，火又来生土。今土旺则螣蛇休矣。大抵螣蛇主灾怪，或见火光焚烧，又主虚惊也。上生下，主惊恐在后。下生上，主惊恐在前。内战内忧火怪，外战外忧火怪，卒百忧。旺主官事惊恐、妇人残害惊恐，相主斗讼争酒食惊恐，死主阴人死丧惊恐，囚主牢狱枷枢惊恐，休主疾病惊怪。来意只为妇人争张，以螣蛇本身是妇人也。纵不是妇人，其争张必因妇人身起也。螣蛇亦是凶神。

前二朱雀：水、朱雀、土、木。

此课见木旺。以水克火，土克水，木克土，水又来生木，今木旺则朱雀火相也。大抵朱雀主文字口舌，又主信息来至。上生下，主文字暗至不明，必主先忧后喜。下生上，主有口舌、田讼不成官事。外战口舌外至，主必有官事。内战奸邪内生，亦主家不和、破财应之。旺主官事口舌，相主争钱财口舌，死主凶祸口舌，囚主囚禁、口舌、牢狱事，休主奸妇口舌斗争欲至。来意为官事，或见血光，因文字上发动官事。其课主凶，亦不宜问病，凶。

前三六合：火、六合、金、火。

此四位内见火旺。以金克木，火克金，木又来生火，今火旺则六合木休矣。大抵六合主议论财物、交易荣繁事。又主阴人喜美事，或妇人私情和合之事。上生下，主出入家人心肝零落，先凶后吉。下生上，主有宴会及有远行人。外战宜变作图，经营即吉。内战，有阴人财物破财，不能聚管。旺主成合婚姻，相主官事昏昧争张，死主报死临门，囚主牢狱官事即至，休主病患，亦主争竞钱财昏昧之事。来意为官事追捉，更主寻一个阴人也。

前四勾陈：金、勾陈、水、火。

此课内见土旺。以水克火，火克金，土克水，火又来生土。此勾陈土即旺也。大抵勾陈主勾留之事，立主争讼。此课得位，主自己欲谋害他人，争竞田宅也。上生下，主论讼有理。下生上，主争讼田宅。外战外共人争张。内战主在家争张，亦主家中不和，及人口病患。旺主贵人争张，死亡畜产，相主争张钱物，死主坟墓争张，囚主囚系狱讼争张，休主六畜上争张。来意为斗讼共外人争张，主不得理，亦无喜事，更主阴人病患。

前五青龙：水、青龙、土、金。

四位内只金旺。以木克土，土克水，金克木，土又来生金，金旺则青龙木死矣。大抵青龙主财帛喜庆，比和主文字信息望财帛之喜。上生下，主印信，受财物及珍异物。下生上，主贵人获福，及酒食欢悦。外战主外失耗财物。内战主内失耗财物。旺主贵人喜庆，相主求得财物，死主失了旧来横财，囚主因人破财，休主人亡失财。来意为求财及远信，吉事也。此课先主失财，后却求财必有喜也。

后一天后：土、天后、火、金。

此见土旺，以水克火，火克金，土克水，火又来生土。今土旺，则天后水死矣。大抵天后主阴私喜美，比和主与阴人宴会之事，必主有喜。上生下，主有妇人做念颛望喜。下生上，主故友知交相见喜。上克下，主妇人奸诈。下克上，主有官事相争。外战与外争张官事，内战妇人逃亡。旺主妇人宴会喜美，相主妇人有喜事至，死主妇人有丧亡之事，囚主妇人官事囚禁，休主妇人病。来意为家内阴人病患，或妇女被神缠，或妇女私情事也。

后二太阴：火、太阴、水、土。

此四位只见土旺。以火克金，水克火，土克水，火又来生土。今土旺则太阴金相矣。大抵太阴主阴私、蔽匿、暗昧之事，比和主隐匿阴人之事。上生下，主阴私喜庆。下生上，主奸淫内至。外战主妇人因奸而逃亡。内战主内斗讼，阴人谋害。旺主妇人外情阴私，相主与妇女酒食相迎事，死主死丧六畜，囚主死亡失财、盗贼谋害事，休主妇人病患，又主妇人痨咳自缢死事，亦主争田庄。来意为阴人暗昧不明主事，或是夫妻不和，索离休也。

后三玄武：火、玄武、土、火。

此四位内见土旺，以水克火，土克水，火又来生土。今土旺则玄武水死矣。大抵玄武主盗财物事，比和主贼奸流事。上生下，主贼逃亡失移动。下生上，主盗贼逃亡。上克下，主盗贼家内生。下克上，主盗贼从外来，伤自己财物。外战主盗贼远行，内战内忧贼发。旺主盗贼动合得财，相主有梦、见鬼怪动、被贼伤财，死主盗贼死伤，囚主有贼犯官司囚狱，休主失财或损四足，主贼神动。来意为官事失财。

后四太常：木、太常、金、火。

此四位只见火旺。以木克土，金克木，火克金，木又生火，今火旺则太常土相矣。大抵太常主衣服、冠带、酒食。比和主带花、欢悦、美丽之事。上生下，主贵人赐衣及酒食。下生上，主远人信息，纳财物来。外战外有口舌，女人为灾。内战内有口舌并死亡、人离、财散，亦主妻亡。旺主阴人财帛喜，相主阴人酒食和会之事，死主阴人疾患病、主死兄弟人疾病，休主得阴人淫乱。来意只为伤损小口，更得阴人财帛削去。

后五白虎：火、白虎、土、水。

此四位内见土旺，以火克金，水克火，土克水，火又来生土，今土旺则白虎金相矣。大抵白虎主道路事动，及有出入人在外。上生下，主盗贼。下生上，主自己出行。上克下，主有人残疾。下克上，主有军人。凡见白虎当旺相克死囚休，皆主大凶。来意为死伤人口及伤财也。

后六天空：水、天空、金、木。

此四位内见金旺，以木克土，金克木，土克水，土又来生金，今金旺则天空土休矣。大抵天空主虚诈不实，亦主斗讼，出僧道。上生下，主有僧道在家。下生上，主有僧在外。上克下，主门鸣屋爆。下克上，主在外僧病。旺出紫衣人，相主福上增福，死主僧在外死，休主被恶人欺。如更有克，主宅鸣屋爆，因僧遣去事，囚主官事。来意为斗讼及门鸣屋爆及后妇多之类是也。

合用神煞第五

天德

正丁　二申　三壬　四辛　五癸　六甲
七癸　八寅　九丙　十乙　十一巳　十二庚

入课主解百祸，凶变吉。又主尊长贵人喜。

月德

正丙　二甲　三壬　四庚

入课尊长贵人和合，亦解百祸。

月合

正辛　二巳　三丁　四乙

入课亦主尊长喜庆，和合共为，忧厄立解。

天赦

春戊寅　夏甲午　秋戊申　冬甲子

入课主解刑禁忧危之苦。修造、婚姻，出入皆利。

天喜

春戌　夏丑　秋辰　冬未

入课主占官得理，求事皆成，危得安，忧得喜。

天马

正午顺行六阳辰。①

入课主求事迅速，望信速至，游行皆利，逃避出远俱速，但亡失难寻，

---

① 正七午，二八申，三九戌，四十子，五十一寅，六腊辰。正月在午，顺行六阳辰。

他皆吉。

驿马

申子辰马在寅，寅午戌马在申，亥卯未马在巳，巳酉丑马在亥。

入课主移动出入之事。占官尤喜，游行无碍，惟捕捉难获。

岁神

岁内诸神之首。

入课主终年及尊长之事受克，主尊长灾。

岁冲

太岁相冲是也。 主卑幼妻妾无主，词讼半年之事。凡事连绵如此。

岁宅

岁前五位是也。

主词讼田宅之事。若灾神受刑，主人口宅危，忧疑不利。

月建

正月建寅是也。

入课主建置初新之事。

月破

正申二酉是也。

主求事难成，官事囚禁，惟身孕则吉也。

月厌

正戌二酉是也。

入课主咒诅冤仇，禳魇不明之事。占病则连绵不安。

日破

寅日遇申、卯日见酉是也。

入课主人情离散、器物毁坏、官事可决。

丧门

岁前二辰是也。
入课上克下主孝子忧疑，占病二主人大凶。

吊客

岁后二辰是也。
入课主惊忧、阴私、灾患之事，不宜占病。

丧车

春酉夏子秋卯冬午。
入课不宜占病。若丧车克人元必死。

截命灾煞

甲己申酉最为愁，乙庚午未不宜求。丙辛辰巳何劳问，丁壬寅卯一场空。戊癸子丑莫追求，课中逢此必有忧。
入课主求事阻截，妇人生产空挠迟延，不宜占病及六畜。

三丘

春丑夏辰秋未冬戌。
入课不宜占病，主论讼坟茔之事也。

五墓

春未夏戌秋丑冬辰。
入课亦主争讼坟茔，占病即凶也。

病符

岁后一辰是也。
入课主灾病。

官符

天乙相冲之将是也。

又名无私使者。入课必恶，占病主凶。

六丁

人元建子是也。

入课主门户不康宁，惊恐忧疑之事。

六甲

人元见甲是也。

入课主和合喜庆事。

飞廉

正戌　二巳　三午　四未　五申　六酉
七辰　八亥　九子　十丑　十一寅　十二卯

入课主求事迅速，占行人立至，及主非常惊骇不测之事。

劫煞

申子辰见巳，巳酉丑见寅；寅午戌见亥，亥卯未见申。

入课主君子得之吉，小人得之凶。

地煞

劫煞前五辰也。

入课不宜占走失行人，主阻隔不通也。

望门

劫煞对冲亡辰是也。

入课主忧疑妄想奸淫妻妾之事也。

灭门　天祸

灭门，阴月前三位，阳月后三位是也。天祸，阳月前三位，阴月后三位是也。
入课二神不宜占移居嫁娶妊孕官事，主大凶。

天盗

克将是也。
据前法合以子将为天盗，此法以玄武为天盗。入课主阻隔走失不利。

空亡

六甲不到日是也。
主课占事，主虚假难成，闻喜不喜，闻忧不忧。

四大空亡

甲子甲寅旬水绝，甲寅甲申旬金绝。
入课主求事不成，占病凶。

往亡

立春后第七日，惊蛰后第十四日，清明后第二十一日；
立夏后第八日，芒种后第十六日，小暑后第二十四日。
立秋后第九日，白露后第十八日，寒露后第二十七日；
立冬后第十日，大雪后第二十日，小寒后第三十日。
往亡者，去而亡也。
入课忌拜官、上任、远出、嫁娶、占病。

三刑

巳日寅入课，申日巳入课，寅日申入课，及巳上见寅之类是也，子上见卯之类是也。
入课辅吉则吉，如占贵求财其佳。辅凶则凶，如官事占病凶。

六害

子害未，丑害午是也。

入课主有人谋害及官中事，占病亦凶。

五鬼

歌曰：甲巳己午癸未存，乙庚寅卯守黄昏。丙辛子丑来冲位，丁壬戌亥墓临门。

戊癸忌占申酉位，建逢辰土作人元。此辰若则支干上，专主行人道路冤。

禄倒

甲年卯限，乙年辰限，丙年午限，丁年未限，戊年午限，己年未限，庚年酉限，辛年戌限，壬年子限，癸年丑限。

入课主禄位有损，病者大凶。

马倒

寅午戌酉限，申子辰卯限，巳酉丑子限，亥卯未午限。

〇假令子年生人，限到卯限是马倒。

入课病者大凶，亦主不利官中。

天医

正戌、二亥、三子、四丑、五寅、六卯、七辰、八巳、九午、十未、十一申、十二酉。

入课主病者得愈。

神课金口诀六十四课例第六

鬼全身课　阴害卦①

○假令十二月，甲辰日，申时，午位。

庚金

青龙木

河魁土

午火

此课鬼动，主灾病忧疑，伤身破财。

官禄全身课　进达卦②

○假令十二月，乙巳日，辰时，午位。

壬水

天空土

功曹木

午火

此课官动，求官得禄，常人进财，以财动故也。然亦有官事。

全身课　从顺卦③

○假令五月，甲子日，亥时，申位。

壬水

天后水

天罡土

申金

主财，其为事吉。

---

① 三合全，本位克身是也。
② 三合全，贵神克人元是也。
③ 三合全，无官鬼，无劫煞，只财爻动是也。

奇全课　利进卦①

○假令十二月，壬午日，寅时，巳位。

乙木

朱雀火

小吉土

巳火

利求官禄，常人得财，乃大吉之课。

朝元课　德载卦②

○假令四月，丙申日，丑时，丑位。

己土

天乙土

大吉土

丑土

常人非吉，无生故也。如朝观诏对则吉，凡十二神将皆有朝元，各随其神将吉凶断之。土曰朝元，水曰朝宗，火曰重光，金曰满嬴，木曰会极。

俱比课　合元卦③

○假令十二月，戊戌日，卯时，未位。

己土

天空土

河魁土

未土

比合为兄弟，主同类相争，又主事体重叠，占病大凶。此为杂配，分而为水曰稽，火曰燎，木曰忧颠，金曰丛刃，土曰坯户，更看神将性气以类断之。

---

① 神干、将干、人元兼三奇全是也。
② 四位本家事。
③ 四位皆比是也。

正比课　首正卦

主客比是也。

○假令十二月，戊戌日，未时，寅位。

甲木

螣蛇火

小吉土

寅木

主其为自己事，无亲属之事，求知结好多吉。

近比课　为己卦①

○假令十二月，甲午日，巳时，寅位。

丙火

螣蛇火

从魁金

寅木

主自己事及亲属，然二火为灾百事残，更看所比吉凶断之。

次比课　审认卦②

○假令十二月，庚子日，戌时，戌位。

丙火

玄武水

神后水

戌土

主亲属之事，官动为官，妻动为妻，鬼动为鬼，以此类推。

---

① 干神比是也。

② 神将比是也。

　　　　　远比课　寄托卦①

○假令十二月，辛丑日，亥时，巳位。

癸水

六合木

胜光火

巳火

主他人之事，六合主和合，仍以神断之。

　　　　　将位伏吟课　鼠伏卦②

○假令十二月，庚子日，子时，辰位。

庚金

六合木

天罡土

辰土

主百事不动，望人即至，逃亡隐伏未至。

　　　　　神将伏吟课　犹豫卦③

○假令十二月，庚子日，丑时，辰位。

庚金

六合木

太冲木

辰土

心欲动而身未动，心欲合而不合，疑惑不决。

---

① 将与位比是也。
② 将与位同是也。
③ 天干克将神，伏吟见克位是也。

反吟课　动摇卦①

○假令十二月，庚子日，午时，戌位。

丙火

玄武水

天罡土

戌土

主事反覆，吉凶多不成，来去动摇，莫获安定，矢亡则远。

神将反吟课　乖运课②

○假令十二月，庚子日，申时，酉位。

乙木

太常土

太吉土

酉金

此课主内外事多不和，事多迅速。

反鬼入门课　飞祸卦③

○假令十二月，庚子日，申时，亥位。

丁火

太阴金

太冲木

亥水

占事不成，病者无凶。

---

① 将位相冲是也。
② 神将相冲是也。
③ 神将反吟，门户相见是也。

关课　堵塞卦①

○假令十二月，己未日，未时，酉位。

癸水

玄武水

功曹木

酉金

主出行不通，占行人不至，囚禁难出，病孕必有隔。

隔课　乖越卦②

○假令十二月，甲午日，巳时，卯位。

丁火

朱雀火

河魁土

卯木

卯为门，以木土塞之，所以为隔也。主参投谒人不见，出行囚禁，病孕皆不利。

锁课　构囚卦③

○假令十二月，丁卯日，午时，卯位。

癸水

勾陈土

从魁金

卯木

此课占囚禁行人病孕，皆主不利。

---

① 酉上见木为关。
② 卯上见土为隔。
③ 卯上见金为锁。

斩关课　避罪卦①

○假令六月，辛卯日，子时，酉位。

丁火

白虎金

太冲木

酉金

主凶中得吉，避罪逃亡，尤利孕病，通达出行无阻隔。

毁隔课　脱面卦②

○假令十二月，乙亥日，亥时，卯位。

丁火

青龙木

天罡土

卯木

主凶中得吉，囚禁病孕，求事皆无阻。

叩键课　夭解卦③

○假令十二月，庚子日，未时，卯位。

己土

朱雀火

传送金

卯木

主囚禁遇赦罪，然凶中得吉兆也。

---

① 关上见金为斩关。
② 隔上见木为毁隔。
③ 锁上见火为叩键。

官合课　得禄卦①

○假令十二月，丙申日，辰时，巳位。

癸水

天空土

大吉土

巳火

主官士得禄，常人进产，亦主官事动。

正合课　如兰卦②

○假令十二月，甲午日，申时，巳位。

己土

勾陈土

从魁金

巳火

此课主亲属和会，人财相庆之喜。

鬼合课　鬼同卦③

○假令十二月，庚子日，申时，巳位。

辛金

勾陈土

从魁金

巳火

主人出外，占病即凶，占宅有怪祟。

---

① 贵神与人元合是也。
② 神将支合，主客无克是也。
③ 主课相刑，神将支合是也。

日时比合课　结绶卦①

○假令十二月，癸卯日，戌时，戌位。

壬水

白虎金

神后水

戌土

主人有趋向贵人，有非常推擢之兆，然先背而后向也。

空亡课　蒿目课②

○假令十二月，丙申日，丑时，巳位。

癸水

勾陈土

天罡土

巳火

主身心疑惑，求事皆不成。

鬼空课　稂莠卦③

○假令十二月，乙巳日，未时，寅位。

戊土

朱雀火

小吉土

寅木

主求事有名无实，先忧危，终得吉。

---

① 将与干皆比是也。
② 三位落空是也。
③ 神将六合，位落空亡，鬼动是也。

四大空亡课　病败卦①

○假令十二月戊戌日戌位。

壬水

玄武水

神后水

戌土，主事吉凶皆不成。

一空为空，二空不为空，三空大奸臣，四空大智大谋。

分局相生课　双宜卦②

○假令十二月己亥日辰时午位。

庚金

天空土

功曹木

午火

主一事分为二事，所趋各异而皆吉。

分局相克课　孤别卦③

○假令十二月己丑日午时巳位。

己土

青龙木

登明水

巳火

主事一分为二，君子吉，小人凶。

---

① 甲子、甲午旬水绝，课中见水；甲申、甲寅旬金绝，课中见金。
② 神生干、将生位是也。
③ 神克干、将克位是也。

合局相生课　同德卦①

〇假令十二月庚子日巳时午位。

壬水

青龙木

大吉土

午火

主两事合为一事，又其为事吉，内外并力，合谋相与。

合局相克课　因溃卦②

〇假令十二月乙未日申时巳位。

辛金

青龙木

从魁金

巳火

主和中不和，其为事，先喜而后不和。

连茹课　窠升卦③

〇假令十二月庚辰日酉时寅位。

戊土

勾陈土

太冲木

寅木

主事体重叠不一，而此名顺连茹，事体多顺，主将来之事也。

若方是午，将是巳，神是辰，则为逆连茹，事体多逆，主以往之事。

---

① 干生神、位生将是也。
② 干克神、位克将是也。
③ 即寅卯辰三位相连是也。

陞升相生课　云腾卦①

○假令十二月辛丑日酉时寅位。

庚金

勾陈土

太乙火

寅木

主有人出外远去，求事得喜庆也。

陞升相克课　促装卦②

○假令五月壬子日申时丑位。

辛金

朱雀火

神后水

丑土

主逼迫出外之事，又主身有口舌官鬼之灾，以次第克人元之故也。

复孟相生课　两降卦③

○假令六月乙卯日戌时子位。

丙火

太常土

传送金

子水

主自外添进人口、财帛，又主行人归。

---

① 自下次第生上是也。
② 自下次第克上是也。
③ 自上次第生本位是也。

复盂相克课　寇攘卦①

○假令十二月乙未日申时戌位。

丙火

太阴金

功曹木

戌土

主迫而还乡，及求索以至口舌。

阴阳并比课　兼弱卦②

○假令十二月丁酉日酉时辰位。

甲木

青龙木

小吉土

辰土

主小人斗讼，君子竟斗挠攘之事。

阴阳并克课　犯上卦③

○假令十二月戊戌日酉时戌位。

壬水

玄武水

大吉土

戌土

主尊长怒，内外不和，亦松之兆也。

---

① 自上次第克本位是也。
② 上二比克下二比是也。
③ 下二比克上二比是也。

并来克身课　沉深卦①

〇假令十二月乙未日亥时亥位。

丁火

玄武水

神后水

亥水

主身灾祸、人离散之事。凡三金克木名血刃，三火克金名烬骨，三木克土名缧线，三土克水名宝泽。更以所克神意断。

并来生身课　众附卦②

〇假令十二月癸酉日子时子位。

壬水

青龙木

神后水

子水

主内外从顺，迁官进财，随神断之。

并来克位课　泉涸卦

上三土并克位是也。

〇假令十二月辛未日申时子位。

戊土

天乙土

天罡土

子水

主迅速争斗之事，及人来取索。三水克火曰灭光，三火克金曰破模，三金克木曰破斧，三木克土名祈福，亦以神理断之。

---

① 三水克人元火是也。
② 三水生贵神是也。

并来生位课　慈幼卦①

○假令三月丁卯日丑时子位。

庚金

太阴金

传送金

子水

主外来成内，卑幼忧喜。

归身相克课　被劫卦②

○假令十二月丙申日酉时未位。

乙木

太常土

河魁土

未土

课主取索迫剥，外来克内故也。

归身相生课　家肥卦③

○假令四月十五日申时寅位。

壬水

六合木

功曹木

寅木

主外人添进财帛，讼官得理，有文字引荐吉。

---

① 三金来生位是也。
② 人元克三位是也。
③ 人元生下三位是也。

进体相克课　肇共卦①

○假令十二月戊戌日戌时戌位。

壬水

玄武水

神后水

戌土

主并立之事，将谋财禄和合之喜。

进体相生课　培根卦②

○假令二月癸巳日申时子位。

甲木

青龙木

功曹木

子水

主谒贵人求财吉。

神将同源克主客课　内间卦③

○假令六月癸亥日未时亥位。

癸水

天空土

河魁土

亥水

主兄弟不和，人离财散，间谍言之。

---

① 本位克上三位是也。
② 本位生上三位是也。
③ 神将同克上下是也。

神将同源生主客课　内和卦①

〇假令六月戊午日申时亥位。

癸水

太阴金

从魁金

亥水

主向外面，内虽志气不同，皆成遂，卒于可否相济也。

主客同源克神将课　凌迫卦②

〇假令十二月癸亥日未时子位。

壬水

螣蛇火

太乙火

子水

主上下凌迫，无所诉词，囚禁难脱。

主客同源生神将课　会神卦③

〇假令三月戊申日午时卯位。

乙木

朱雀火

胜光火

卯木

此课主臣子同心同德以治国家。

---

① 神将同生主客是也。
② 上下二位克中二位是也。
③ 上下二位生中二位是也。

自内隔生课　匪棘卦①

○假令十二月甲申日酉时子位。

甲木

天后水

太冲木

子水

主子孙出外交易求禄，和合之喜，凡是皆吉，随所欲也。

自外隔生课　利用卦②

○假令十二月丁丑日申时酉位。

己土

太阴金

大吉土

酉金

主外迁进之喜。

隔克课　点构卦③

○假令十二月庚申日戌时辰位。

庚金

六合木

胜光火

辰土

主递互相加乖违不明之事。

---

① 自下隔生于上是也。
② 自上隔生于下是也。
③ 神克位，将克人元，人元克神是也。

天地并来克身课　死刑卦①

〇假令十二月庚子日亥时未位。

癸水

天乙土

传送金

未土

主争讼事，占病死亡。

换神课　玄机卦②

〇假令十二月甲辰日寅时子位。

丙火

天后水换得**白虎**金

天魁土

子水

主占凶得吉，占吉得凶，如凶神换得吉神则吉，如吉神换得凶神则凶。

向空课　谷响卦③

〇假令十二月甲辰日巳时未位。

辛金

天空土

功曹木

未土

此课主求事不成，吉而反凶之课也。

---

① 昼位神克人元是也。
② 昼夜未分，贵神相交是也。
③ 昼将夜位，夜将昼位。

背神课　违戾卦①

○假令十二月甲辰日申时亥位。

乙木

朱雀火

太冲木

亥水

此课主昔亲今疏，尊卑不顺之情。

丁鬼入门课　传尸卦②

○假令十二月戊辰日辰时酉位。

辛金

太常土

太乙火

酉金

主刑来客。

主来刑客课　枭鸣卦③

○假令十二月乙位日辰时巳位。

辛金

青龙木

太冲木

巳火

主鬼怪官病，人畜财散之事。

---

① 位在天乙后，或在天乙前位是也。
② 丁入酉作鬼是也。
③ 神将比，鬼动克人元是也。

神来克将课　内贼卦①

○假令十二月乙巳日戌时丑位。

己土

白虎金

太冲木

丑土

主亲戚谋窃自己的财物，及勾连虚诈不明之事。

客来克主课　问招卦②

○假令十二月乙巳日辰时午位。

壬水

天空土

功曹木

午火

此主妻妾之忧，及财帛不明之事。

地户入天门课　天冲卦③

○假令六月辛未日午时戌位。

戌土

勾陈土

天魁土

戌土

主官事重重，占病大凶；占墓主破财，出军人夭短者。

---

① 将为内财，而神来克是也。
② 人元克位是也。
③ 戌为天门，勾陈临之是也。

天门入地户课　地系卦①

○假令十二月乙卯日子时辰位。

戌土

勾陈土

天魁土

辰土

主讼重，占病凶，占宅墓主出军屠，家不和。此正是天罗地网，男忌天罗，女忌地网。

---

① 辰为地户，天魁戌临之是也。

北京学易斋书目

书　　名	作者	定价	版别
影印涵芬楼本正统道藏（宣纸线装（全512函1120册）	（明）张宇初编	480000.00	九州
影印涵芬楼本正统道藏（道林纸线装（全512函1120册）	（明）张宇初编	280000.00	九州
易藏（宣纸线装（全50函200册）	编委会主编	98000.00	九州
重刊术藏（精装全100册）	编委会主编	68000.00	九州
续修术藏（精装全100册）	编委会主编	68000.00	九州
易藏（精装全60册）	编委会主编	48000.00	九州
道藏（精装全60册）	编委会主编	48000.00	九州
菩提叶彩绘明内宫写本金刚经（1函1册）	宣纸线装	480.00	文物
故宫旧藏宋刊妙法莲华经（1函3册）	宣纸线装	900.00	文物
铁琴铜剑楼藏钱氏述古堂抄营造法式（1函8册）	宣纸线装	2800.00	文物
唐楷道德经（通行本全1函1册）	宣纸线装	380.00	文物
通志堂经解（全138种600册）	宣纸线装	36000.00	文物
芥子园画传（彩版3函13册）	（清）李渔纂辑	3800.00	华龄
十竹斋书画谱（彩版2函12册）	（明）胡正言编印	2800.00	华龄
黄帝内经素问灵枢（影宋本2函9册）	宣纸线装	3980.00	海南
仲景全书（影宋本2函8册）	宣纸线装	3980.00	海南
影宋刻备急千金要方（4函16册）	（唐）孙思邈著	2380.00	海南
影元刻千金翼方（2函12册）	（唐）孙思邈著	2380.00	海南
王翰林集注八十一难经（1函3册）	宣纸线装	1280.00	海南
王氏脉经（1函5册）	宣纸线装	1280.00	海南
增补评注温病条辨（1函4册）	宣纸线装	980.00	海南
神农本草经（1函1册）	宣纸线装	380.00	海南
重修政和经史证类备用本草（3函12册）	宣纸线装	3800.00	文物
御制本草品汇精要（宣纸线装彩版8函32册）	（明）刘文泰等著	18000.00	海南
御纂医宗金鉴（20函80册）	（清）吴谦等著	28000.00	海南
大德重校圣济总录（宣纸线装20函100册）	官板	38000.00	海南
乾隆大藏经（64开精装120册全本）	雍正编	23800.00	文物
影印文明书局藏善本文献集成	布面精装60种	12800.00	九州
影印明天启初刻武备志（精装全16册）	（明）茅元仪撰	13800.00	华龄
药王千金方合刊（精装全16册）	（唐）孙思邈著	13800.00	华龄
焦循文集（精装全18册，库存1套）	（清）焦循撰	9800.00	九州
邵子全书（精装全16册）	（宋）邵雍撰	12800.00	九州
子平遗书第1—6辑（四柱案例集甲子至辛酉全18册）	精装古本影印	5880.00	华龄
子部珍本1：校正全本地学答问	1函3册	680.00	华龄
子部珍本2：赖仙原本催官经	1函1册	280.00	华龄
子部珍本3：赖仙催官篇注	1函1册	280.00	华龄

书　　　名	作者	定价	版别
子部珍本4:尹注赖仙催官篇	1函1册	280.00	华龄
子部珍本5:赖仙心印	1函1册	280.00	华龄
子部珍本6:新刻赖太素天星催官解	1函2册	480.00	华龄
子部珍本7:天机秘传青囊内传	1函1册	280.00	华龄
子部珍本8:阳宅斗首连篇秘授	1函1册	280.00	华龄
子部珍本9:精刻编集阳宅真传秘诀	1函2册	480.00	华龄
子部珍本10:秘传全本六壬玉连环	1函2册	480.00	华龄
子部珍本11:秘传仙授奇门	1函2册	480.00	华龄
子部珍本12:祝由科诸符秘卷秘旨合刊	1函2册	480.00	华龄
子部珍本13:校正古本入地眼图说	1函2册	480.00	华龄
子部珍本14:校正全本钻地眼图说	1函2册	480.00	华龄
子部珍本15:赖公七十二葬法	1函2册	480.00	华龄
子部珍本16:杨筠松秘传开门放水阴阳捷径	1函2册	480.00	华龄
子部珍本17:校正古本地理五诀	1函2册	480.00	华龄
子部珍本18:重校古本地理雪心赋	1函2册	480.00	华龄
子部珍本19:吴景鸾先天后天理气心印补注	1函1册	280.00	华龄
子部珍本20:宋国师吴景鸾秘传夹竹梅花院纂	1函2册	480.00	华龄
子部珍本21:影印原本任铁樵注滴天髓阐微	1函4册	1080.00	华龄
子部珍本22:地理真宝一粒粟	1函1册	280.00	华龄
子部珍本23:聚珍全本天机一贯	1函3册	680.00	华龄
子部珍本24:阴宅造福秘诀	1函1册	280.00	华龄
子部珍本25:增补诹吉宝镜图	1函2册	480.00	华龄
子部珍本26:诹吉便览宝镜图	1函1册	280.00	华龄
子部珍本27:诹吉便览八卦图	1函1册	280.00	华龄
子部珍本28:甲遁真授秘集	1函4册	880.00	华龄
子部珍本29:太上祝由科	1函2册	680.00	华龄
子部珍本30:邵康节先生心易梅花数	1函1册	280.00	华龄
子部善本1:新刊地理玄珠(宣纸线装)	2函10册	3000.00	华龄
子部善本2:参赞玄机地理仙婆集(宣纸线装)	2函8册	2400.00	华龄
子部善本3:章仲山地理九种(宣纸线装)	1函5册	1500.00	华龄
子部善本4:八门九星阴阳二遁全本奇门断	2函18册	5400.00	华龄
子部善本5:六壬统宗大全(宣纸线装)	2函6册	1800.00	华龄
子部善本6:太乙统宗宝鉴(宣纸线装)	2函8册	2400.00	华龄
子部善本7:重刊星海词林(宣纸线装)	14函56册	16800.00	华龄
子部善本8:万历初刻三命通会(宣纸线装)	2函12册	3600.00	华龄
子部善本9:增广沈氏玄空学(宣纸线装)	2函8册	2400.00	华龄
子部善本10:江公择日秘稿(宣纸线装)	2函6册	1800.00	华龄
子部善本11:刘氏家藏阐微通书(宣纸线装)	3函12册	3600.00	华龄
子部善本12:影印增补高岛易断(宣纸线装)	2函8册	2400.00	华龄
子部善本13:清刻足本铁板神数(宣纸线装)	3函13册	3900.00	华龄
子部善本14:增订天官五星集腋(宣纸线装)	2函10册	3000.00	华龄

书　　名	作者	定价	版别
子部善本15：太乙奇门六壬兵备统宗（宣纸线装）	9函36册	10800.00	华龄
子部善本16：御定景祐奇门大全（宣纸线装）	8函32册	9600.00	华龄
子部善本17：地理四秘全书十二种（宣纸线装）	4函16册	4800.00	华龄
子部善本18：全本地理统一全书（宣纸线装）	3函15册	4500.00	华龄
子部善本19：廖公画策扒砂经（宣纸线装）	1函4册	1200.00	华龄
子部善本20：明刊玉髓真经（宣纸线装）	7函21册	6300.00	华龄
子部善本21：蒋大鸿家藏地学捷旨（宣纸线装）	1函4册	1200.00	华龄
子部善本22：阳宅安居金镜	1函4册	1200.00	华龄
子部善本23：新刊地理紫囊书（宣纸线装）	2函6册	1800.00	华龄
子部善本24：地理大成五种（宣纸线装）	8函24册	7200.00	华龄
子部善本25：初刻鳌头通书大全（宣纸线装）	2函10册	3000.00	华龄
子部善本26：初刻象吉备要通书大全（宣纸线装）	3函12册	3600.00	华龄
子部善本27：武英殿板钦定协纪辨方书	8函24册	7200.00	华龄
子部善本28：初刻陈子性藏书（宣纸线装）	2函6册	1800.00	华龄
重刻故宫藏百二汉镜斋秘书四种（一）：火珠林	1函1册	300.00	华龄
重刻故宫藏百二汉镜斋秘书四种（二）：灵棋经	1函1册	300.00	华龄
重刻故宫藏百二汉镜斋秘书四种（三）：滴天髓	1函1册	300.00	华龄
重刻故宫藏百二汉镜斋秘书四种（四）：测字秘牒	1函1册	300.00	华龄
中外戏法图说：鹅幻汇编鹅幻余编合刊	1函3册	780.00	华龄
连山（一函一册）	（清）马国翰辑	280.00	华龄
归藏（一函一册）	（清）马国翰辑	280.00	华龄
周易虞氏义笺订（一函六册）	（清）李翊灼订	1180.00	华龄
周易参同契通真义	1函2册	480.00	华龄
御制周易（一函三册）	武英殿影宋本	680.00	华龄
宋刻周易本义（一函四册）	（宋）朱熹撰	980.00	华龄
易学启蒙（一函二册）	（宋）朱熹撰	480.00	华龄
易余（一函二册）	（明）方以智撰	480.00	九州
奇门鸣法（一函二册）	（清）龙伏山人撰	680.00	华龄
奇门衍象（一函二册）	（清）龙伏山人撰	480.00	华龄
奇门枢要（一函二册）	（清）龙伏山人撰	480.00	华龄
奇门仙机（一函三册）	王力军校订	298.00	华龄
奇门心法秘纂（一函三册）	王力军校订	298.00	华龄
御定奇门秘诀（一函三册）	（清）湖海居士辑	680.00	华龄
宫藏奇门大全（线装五函二十五册）	（清）湖海居士辑	6800.00	星易
遁甲奇门秘传要旨大全（线装二函十册）	（清）范阳耐寒子辑	6200.00	星易
增广神相全编（线装一函四册）	（明）袁珙订正	980.00	星易
耕寸集（线装一函一册）	李锵涛校正	268.00	星易
全本命理约言（线装一函一册）	李锵涛校正	388.00	星易
龙伏山人存世文稿（五函十册）	（清）龙伏山人撰	2800.00	九州
奇门遁甲鸣法（一函二册）	（清）龙伏山人撰	680.00	九州
奇门遁甲衍象（一函二册）	（清）龙伏山人撰	480.00	九州

书 名	作者	定价	版别
奇门遁甲枢要(一函二册)	(清)龙伏山人撰	480.00	九州
遁甲括囊集(一函三册)	(清)龙伏山人撰	980.00	九州
增注蒋公古镜歌(一函一册)	(清)龙伏山人撰	180.00	九州
古本皇极经世书(一函三册)	(宋)邵雍撰	980.00	九州
明抄真本梅花易数(一函三册)	(宋)邵雍撰	480.00	九州
订正六壬金口诀(一函六册)	(清)巫国匡辑	1280.00	华龄
六壬神课金口诀(一函三册)	(明)适适子撰	298.00	华龄
改良三命通会(一函四册,第二版)	(明)万民英撰	980.00	华龄
增补选择通书玉匣记(一函二册)	(晋)许逊撰	480.00	华龄
绘图全本鲁班经匠家镜	1函4册	680.00	华龄
菊逸山房地理正书(天函):地理点穴撼龙经	1函3册	680.00	华龄
菊逸山房地理正书(地函):秘藏疑龙经大全	1函1册	280.00	华龄
菊逸山房地理正书(人函):杨公秘本山法备收	1函1册	280.00	华龄
青囊海角经	1函4册	680.00	华龄
阳宅三要	1函3册	298.00	华龄
子部珍本备要(宣纸线装)		分函售价	九州
001 峒嵝神书	1函1册	280.00	九州
002 地理唼蔗録	1函4册	880.00	九州
003 地理玄珠精选	1函4册	880.00	九州
004 地理琢玉斧峦头歌括	1函4册	880.00	九州
005 金氏地学粹编	3函8册	1840.00	九州
006 风水一书	1函4册	880.00	九州
007 风水二书	1函4册	880.00	九州
008 增注周易神应六亲百章海底眼	1函1册	280.00	九州
009 卜易指南	1函1册	280.00	九州
010 大六壬占验	1函1册	280.00	九州
011 真本六壬神课金口诀	1函3册	680.00	九州
012 太乙指津	1函2册	480.00	九州
013 太乙金钥匙 太乙金钥匙续集	1函1册	280.00	九州
014 奇门遁甲占验天时	1函2册	480.00	九州
015 南阳掌珍遁甲	1函1册	280.00	九州
016 达摩易筋经 易筋经外经图说 八段锦	1函1册	280.00	九州
017 钦天监彩绘真本推背图	1函2册	680.00	九州
018 清抄全本玉函通秘	1函3册	680.00	九州
019 灵棋经	1函1册	280.00	九州
020 道藏灵符秘法	4函9册	2100.00	九州
021 地理青囊玉尺度金针集	1函6册	1280.00	九州
022 奇门秘传九宫纂要	1函1册	280.00	九州
023 影印清抄耕寸集-真本子平真诠	1函2册	480.00	九州
024 新刊合并官板音义评注渊海子平	1函2册	480.00	九州
025 影抄宋本五行精纪	1函6册	1080.00	九州

书　　名	作者	定价	版别
026 影印明刻阴阳五要奇书1－郭氏阴阳元经	1函2册	480.00	九州
027 影印明刻阴阳五要奇书2－克择璇玑括要	1函1册	280.00	九州
028 影印明刻阴阳五要奇书3－阳明按索图	1函2册	480.00	九州
029 影印明刻阴阳五要奇书4－佐玄直指	1函2册	480.00	九州
030 影印明刻阴阳五要奇书5－三白宝海钩玄	1函1册	280.00	九州
031 相命图诀许负相法十六篇合刊	1函1册	280.00	九州
032 玉掌神相神相铁关刀合刊	1函1册	280.00	九州
033 古本太乙淘金歌	1函1册	280.00	九州
034 重刊地理葬埋黑通书	1函2册	480.00	九州
035 壬归	1函2册	480.00	九州
036 大六壬苗公鬼撮脚二种合刊	1函1册	280.00	九州
037 大六壬鬼撮脚射覆	1函2册	480.00	九州
038 大六壬金柜经	1函1册	280.00	九州
039 纪氏奇门秘书仕学备余	1函1册	280.00	九州
040 八门九星阴阳二遁全本奇门断	2函18册	3680.00	九州
041 李卫公奇门心法	1函1册	280.00	九州
042 武侯行兵遁甲金函玉镜海底眼	1函1册	280.00	九州
043 诸葛武侯奇门千金诀	1函1册	280.00	九州
044 隔夜神算	1函1册	280.00	九州
045 地理五种秘笈合刊	1函1册	280.00	九州
046 地理雪心赋句解	1函2册	480.00	九州
047 九天玄女青囊经	1函1册	280.00	九州
048 考定撼龙经	1函1册	280.00	九州
049 刘江东家藏善本葬书	1函1册	280.00	九州
050 杨公六段玄机赋杨筠松安门楼玉辇经合刊	1函1册	280.00	九州
051 风水金鉴	1函1册	280.00	九州
052 新镌碎玉剖秘地理不求人	1函2册	480.00	九州
053 阳宅八门金光斗临经	1函1册	280.00	九州
054 新镌徐氏家藏罗经顶门针	1函2册	480.00	九州
055 影印乾隆丙午刻本地理五诀	1函4册	880.00	九州
056 地理诀要雪心赋	1函2册	480.00	九州
057 蒋氏平阶家藏善本插泥剑	1函1册	280.00	九州
058 蒋大鸿家传地理归厚录	1函1册	280.00	九州
059 蒋大鸿家传三元地理秘书	1函1册	280.00	九州
060 蒋大鸿家传天星选择秘旨	1函1册	280.00	九州
061 撼龙经批注校补	1函4册	880.00	九州
062 疑龙经批注校补－全	1函1册	280.00	九州
063 种筠书屋较订山法诸书	1函2册	480.00	九州
064 堪舆倒杖诀 拨砂经遗篇 合刊	1函1册	280.00	九州
065 认龙天宝经	1函1册	280.00	九州
066 天机望龙经刘氏心法 杨公骑龙穴诗合刊	1函1册	280.00	九州

书　　名	作者	定价	版别
067 风水一夜仙秘传三种合刊	1函1册	280.00	九州
068 新镌地理八窍	1函2册	480.00	九州
069 地理解醒	1函1册	280.00	九州
070 峦头指迷	1函3册	680.00	九州
071 茅山上清灵符	1函2册	480.00	九州
072 茅山上清镇禳摄制秘法	1函1册	280.00	九州
073 天医祝由科秘抄	1函2册	480.00	九州
074 千镇百镇桃花镇	1函2册	480.00	九州
075 轩辕碑记医学祝由十三科治病奇书合刊	1函1册	280.00	九州
076 清抄真本祝由科秘诀全书	1函3册	680.00	九州
077 增补秘传万法归宗	1函2册	480.00	九州
078 祝由科诸符秘卷祝由科诸符秘旨合刊	1函1册	280.00	九州
079 辰州符咒大全	1函4册	880.00	九州
080 万历初刻三命通会	2函12册	2480.00	九州
081 新编三车一览子平渊源注解	1函3册	680.00	九州
082 命理用神精华	1函3册	680.00	九州
083 命学探骊集	1函1册	280.00	九州
084 相诀摘要	1函2册	480.00	九州
085 相法秘传	1函1册	280.00	九州
086 新编相法五总龟	1函1册	280.00	九州
087 相学统宗心易秘传	1函2册	480.00	九州
088 秘本大清相法	1函2册	480.00	九州
089 相法易知	1函1册	280.00	九州
090 星命风水秘传	1函1册	280.00	九州
091 大六壬隔山照	1函2册	480.00	九州
092 大六壬考正	1函1册	280.00	九州
093 大六壬类阐	1函2册	480.00	九州
094 六壬心镜集注	1函1册	280.00	九州
095 遁甲吾学编	1函2册	480.00	九州
096 刘明江家藏善本奇门衍象	1函1册	280.00	九州
097 遁甲天书秘文	1函2册	480.00	九州
098 金枢符应秘文	1函2册	480.00	九州
099 秘传金函奇门隐遁丁甲法书	1函2册	480.00	九州
100 六壬行军指南	2函10册	2080.00	九州
101 家藏阴阳二宅秘诀线法	1函2册	480.00	九州
102 阳宅一书阴宅一书合刊	1函1册	280.00	九州
103 地理法门全书	1函1册	280.00	九州
104 四真全书玉钥匙	1函1册	280.00	九州
105 重刊官板玉髓真经	1函4册	880.00	九州
106 明刊阳宅真诀	1函2册	480.00	九州
107 阳宅指南	1函1册	280.00	九州

书 名	作者	定价	版别
108 阳宅秘传三书	1函1册	280.00	九州
109 阳宅都天滚盘珠	1函1册	280.00	九州
110 纪氏地理水法要诀	1函1册	280.00	九州
111 李默斋先生地理辟径集	1函2册	480.00	九州
112 李默斋先生辟径集续篇 地理秘缺	1函2册	480.00	九州
113 地理辨正自解	1函1册	280.00	九州
114 形家五要全编	1函4册	880.00	九州
115 地理辨正抉要	1函1册	280.00	九州
116 地理辨正揭隐	1函1册	280.00	九州
117 地学铁骨秘	1函1册	280.00	九州
118 地理辨正发秘初稿	1函1册	280.00	九州
119 三元宅墓图	1函1册	280.00	九州
120 参赞玄机地理仙婆集	2函8册	1680.00	九州
121 幕讲禅师玄空秘旨浅注外七种	1函1册	280.00	九州
122 玄空挨星图诀	1函1册	280.00	九州
123 影印稿本玄空地理筌蹄	1函1册	280.00	九州
124 玄空古义四种通释	1函2册	480.00	九州
125 地理疑义答问	1函1册	280.00	九州
126 王元极地理辨正冒禁录	1函1册	280.00	九州
127 王元极校补天元选择辨正	1函3册	680.00	九州
128 王元极选择辨真全书	1函1册	280.00	九州
129 王元极增批地理冰海原本地理冰海合刊	1函1册	280.00	九州
130 王元极三元阳宅萃篇	1函2册	480.00	九州
131 尹一勺先生地理精语	1函1册	280.00	九州
132 古本地理元真	1函2册	480.00	九州
133 杨公秘本搜地灵	1函1册	280.00	九州
134 秘藏千里眼	1函1册	280.00	九州
135 道光刊本地理或问	1函1册	280.00	九州
136 影印稿本地理秘诀	1函2册	480.00	九州
137 地理秘诀隔山照 地理括要 合刊	1函1册	280.00	九州
138 地理前后五十段	1函2册	480.00	九州
139 心耕书屋藏本地经图说	1函1册	280.00	九州
140 地理古本道法双谭	1函1册	280.00	九州
141 奇门遁甲元灵经	1函1册	280.00	九州
142 黄帝遁甲归藏大意 白猿真经 合刊	1函1册	280.00	九州
143 遁甲符应经	1函2册	480.00	九州
144 遁甲通明钤	1函1册	280.00	九州
145 景祐奇门秘纂	1函2册	480.00	九州
146 奇门先天要论	1函2册	480.00	九州
147 御定奇门古本	1函2册	480.00	九州
148 奇门吉凶格解	1函1册	280.00	九州

书　名	作者	定价	版别
149 御定奇门宝鉴	1函3册	680.00	九州
150 奇门阐易	1函2册	480.00	九州
151 六壬总论	1函1册	280.00	九州
152 稿抄本大六壬翠羽歌	1函1册	280.00	九州
153 都天六壬神课	1函1册	280.00	九州
154 大六壬易简	1函2册	480.00	九州
155 太上六壬明鉴符阴经	1函1册	280.00	九州
156 增补关煞袖里金百中经	1函1册	280.00	九州
157 演禽三世相法	1函2册	480.00	九州
158 合婚便览 和合婚姻咒 合刊	1函1册	280.00	九州
159 神数十种	1函1册	280.00	九州
160 神机灵数一掌经金钱课合刊	1函1册	280.00	九州
161 阴阳二宅易知录	1函2册	480.00	九州
162 阴宅镜	1函2册	480.00	九州
163 阳宅镜	1函1册	280.00	九州
164 清精抄本六圃地学	1函1册	280.00	九州
165 形峦神断书	1函1册	280.00	九州
166 堪舆三昧	1函1册	280.00	九州
167 遁甲奇门捷要	1函1册	280.00	九州
168 奇门遁甲备览	1函1册	280.00	九州
169 原传真本石室藏本圆光真传秘诀合刊	1函1册	280.00	九州
170 明抄全本壬归	1函4册	880.00	九州
171 董德彰水法秘诀水法断诀合刊	1函1册	280.00	九州
172 董德彰先生水法图说	1函1册	280.00	九州
173 董德彰先生泄天机篹要	1函2册	480.00	九州
174 李默斋先生地理秘传	1函2册	480.00	九州
175 新锓希夷陈先生紫微斗数全书	1函3册	680.00	九州
176 海源阁藏明刊麻衣相法全编	1函2册	480.00	九州
177 袁忠彻先生相法秘传	1函3册	680.00	九州
178 火珠林要旨 筮杙	1函2册	480.00	九州
179 火珠林占法秘传 续筮杙	1函1册	280.00	九州
180 六壬类聚	1函4册	880.00	九州
181 新刻麻衣相神异赋	1函1册	280.00	九州
182 诸葛武侯奇门遁甲全书	1函2册	480.00	九州
183 张九仪传地理偶摘	1函1册	280.00	九州
184 张九仪传地理偶注	1函1册	280.00	九州
185 阳宅玄珠	1函1册	280.00	九州
186 阴宅总论	1函1册	280.00	九州
187 新刻杨救贫秘传阴阳二宅便用统宗	1函1册	280.00	九州
188 增补理气图说	1函2册	480.00	九州
189 增补罗经图说	1函1册	280.00	九州

书　　名	作者	定价	版别
190 重镌官板阳宅大全	1函4册	880.00	九州
191 景祐太乙福应经	1函1册	280.00	九州
192 景祐遁甲符应经	1函3册	680.00	九州
193 景祐六壬神定经	1函3册	680.00	九州
194 御制禽遁符应经	1函2册	480.00	九州
195 秘传匠家鲁班经符法	1函3册	680.00	九州
196 哈佛藏本太史黄际飞注天玉经	1函1册	280.00	九州
197 李三素先生红囊经解	1函1册	280.00	九州
198 杨曾青囊天玉通义	1函1册	280.00	九州
199 重编大清钦天监焦秉贞彩绘历代推背图解	1函2册	680.00	九州
200 道光初刻相理衡真	1函4册	880.00	九州
201 新刻袁柳庄先生秘传相法	1函3册	680.00	九州
202 袁忠彻相法古今识鉴	1函2册	480.00	九州
203 袁天纲五星三命指南	1函2册	480.00	九州
204 新刻五星玉镜	1函3册	680.00	九州
205 游艺录：筮遁壬行年斗数相宅	1函1册	280.00	九州
206 新订王氏罗经透解	1函2册	480.00	九州
207 堪舆真诠	1函3册	680.00	九州
208 青囊天机奥旨二种	1函1册	280.00	九州
209 张九仪传地理偶录	1函1册	280.00	九州
210 地学形势集	1函8册	1680.00	九州
211 神相水镜集	1函4册	880.00	九州
212 稀见相学秘笈四种合刊	1函2册	480.00	九州
213 神相金较剪	1函1册	280.00	九州
214 神相证验百条	1函2册	480.00	九州
215 全本神相全编	1函3册	680.00	九州
216 神相全编正义	1函3册	680.00	九州
217 八宅明镜	1函2册	480.00	九州
218 阳宅卜居秘髓	1函3册	680.00	九州
219 地理乾坤法窍	1函3册	680.00	九州
220 秘传廖公画筴拨砂经	1函4册	880.00	九州
221 地理囊金集注	1函1册	280.00	九州
222 赤松子罗经要旨	1函1册	280.00	九州
223 萧仙地理心法堪舆经	1函2册	480.00	九州
224 新刻地理搜龙奥语	1函2册	480.00	九州
225 新刻风水珠神真经	1函2册	480.00	九州
226 寻龙点穴地理索隐	1函1册	280.00	九州
227 杨公撼龙经考注	1函2册	480.00	九州
228 李德贞秘授三元秘诀	1函1册	280.00	九州
229 地理支陇乘气论	1函2册	480.00	九州
230 道光刻全本相山撮要	2函6册	1500.00	九州

书　名	作者	定价	版别
231 药王真传祝由科全编	1函1册	280.00	九州
232 梵音斗科符箓秘书	1函2册	580.00	九州
233 御定奇门灵占	1函4册	880.00	九州
234 御定奇门宝镜图	1函2册	480.00	九州
235 汇纂大六壬玉钥匙心诀	1函1册	280.00	九州
236 补完直解六壬五变中黄经	1函2册	480.00	九州
237 六壬节要直讲	1函2册	480.00	九州
238 六壬神课捷要占验	1函1册	280.00	九州
239 六壬袖传神课捷要	1函1册	280.00	九州
240 秘藏大六壬大全善本	2函8册	1800.00	九州
241 阳宅藏书	1函2册	480.00	九州
242 阳宅觉元氏新书	1函1册	280.00	九州
243 阳宅拾遗	1函2册	480.00	九州
244 阳基集腋	1函2册	480.00	九州
245 阴阳二宅指正	1函2册	480.00	九州
246 九天玄妙秘书内经	1函1册	280.00	九州
247 青乌葬经葬经翼	1函1册	280.00	九州
248 阳宅六十四卦秘断	1函1册	280.00	九州
249 杨曾地理秘传捷诀	1函3册	680.00	九州
250 三元堪舆秘笈救败全书	1函4册	880.00	九州
251 纪氏地理末学	1函2册	480.00	九州
252 堪舆说原	1函1册	280.00	九州
253 河洛正变喝穴集	1函1册	280.00	九州
254 太上洞玄灵宝素灵真符	1函1册	280.00	九州
255 道家神符霭咒秘传	1函1册	280.00	九州
256 堪舆秘传六十四论记师口诀	1函2册	480.00	九州
257 相法秘笈太乙照神经	1函3册	680.00	九州
258 哈佛藏子平格局解要	1函2册	480.00	九州
259 三车一览命书详论	1函2册	480.00	九州
260 万历初刊平学大成	1函4册	880.00	九州
261 古本推背图说	1函2册	680.00	九州
262 董氏诹吉新书	1函2册	480.00	九州
263 蒋大鸿四十八局图	1函1册	280.00	九州
264 阳宅紫府宝鉴	1函2册	480.00	九州
265 宅经类纂	1函3册	680.00	九州
266 杨公画筴图	1函1册	280.00	九州
267 刘江东秘传金函经	1函1册	280.00	九州
268 茔元总录	1函2册	480.00	九州
269 纪氏奇门占验奇门遁甲要略合刊	1函1册	280.00	九州
270 奇门统宗大全	1函4册	880.00	九州
271 刘天君祛治符法秘卷	1函3册	680.00	九州

书　　名	作者	定价	版别
272 圣济总录祝由术全编	1函2册	480.00	九州
273 子平星学精华	1函1册	280.00	九州
274 紫微斗数命理宣微	1函1册	280.00	九州
275 火珠林卦爻精究集	1函2册	480.00	九州
276 韩图孤本奇门秘要	1函1册	280.00	九州
277 哈佛藏明抄六壬断易秘诀	1函1册	280.00	九州
278 大六壬会要全集	1函3册	680.00	九州
279 乾隆初刊六壬视斯	1函2册	480.00	九州
280 精抄历代六壬占验汇选	2函6册	1280.00	九州
281 张九仪先生东湖地学	1函1册	280.00	九州
282 张九仪先生东湖砂法	1函1册	280.00	九州
283 张九仪先生东湖水法	1函1册	280.00	九州
284 姚氏地理辨正图说	1函1册	280.00	九州
285 地理辨正补注	1函2册	480.00	九州
286 地理丛谈元运发微	1函1册	280.00	九州
287 元空宅法举隅	1函1册	280.00	九州
288 平洋地理玉函经	1函1册	280.00	九州
289 元空法鉴三种	1函3册	680.00	九州
290 蒋大鸿先生地理合璧	2函7册	1480.00	九州
291 新刊地理五经图解	1函3册	680.00	九州
292 三元地理辨惑	1函1册	280.00	九州
293 风水内传秘旨	1函1册	280.00	九州
294 杜氏地理图说	1函2册	480.00	九州
295 地学仁孝必读	1函5册	1080.00	九州
296 地理秘珍	1函2册	480.00	九州
297 秘传四课仙机水法	1函1册	280.00	九州
298 地理辨正图诀	1函1册	280.00	九州
299 灵城精义笺	1函1册	280.00	九州
300 仰山子新辑地理条贯	2函6册	1280.00	九州
301 秘传堪舆经传类纂	1函1册	280.00	九州
302 秘传堪舆论状类纂	1函1册	280.00	九州
303 秘传堪舆秘书类纂	1函1册	280.00	九州
304 秘传堪舆诗赋歌诀类纂	1函2册	480.00	九州
305 秘传堪舆问答类纂	1函1册	280.00	九州
306 秘传堪舆杂录类纂	1函2册	480.00	九州
307 秘传堪舆辨惑类纂	1函1册	280.00	九州
308 秘传堪舆断诀类纂	1函1册	280.00	九州
309 秘传堪舆穴法类纂	1函1册	280.00	九州
310 秘传堪舆葬法类纂	1函1册	280.00	九州
311 大六壬兵占三种	1函2册	480.00	九州
312 大六壬秘书四种	1函2册	480.00	九州

书　　　名	作者	定价	版别
313 大六壬毕法注解	1函1册	280.00	九州
314 大六壬课体订讹	1函1册	280.00	九州
315 大六壬类占	1函2册	480.00	九州
316 大六壬全编	1函2册	480.00	九州
317 大六壬杂释	1函1册	280.00	九州
318 大六壬心镜	1函2册	480.00	九州
319 六壬灵课玉洞金书	1函1册	280.00	九州
320 六壬通仙	1函4册	880.00	九州
321 五种秘窍全书－1－地理秘窍	1函1册	280.00	九州
322 五种秘窍全书－2－选择秘窍	1函4册	880.00	九州
323 五种秘窍全书－3－天星秘窍	1函1册	280.00	九州
324 五种秘窍全书－4－罗经秘窍	1函4册	880.00	九州
325 五种秘窍全书－5－奇门秘窍	1函2册	480.00	九州
326 新编杨曾地理家传心法捷诀一贯堪舆	2函8册	1780.00	九州
327 玉函铜函真经阴阳剪裁图注	1函3册	680.00	九州
328 新刻石函平砂玉尺经全书	1函2册	480.00	九州
329 三元通天照水经	1函2册	480.00	九州
330 堪舆经书	1函5册	1080.00	九州
331 神相汇编	1函2册	480.00	九州
332 管辂神相秘传	1函1册	280.00	九州
333 冰鉴秘本七篇月波洞中记合刊	1函1册	280.00	九州
334 太清神鉴录	1函2册	480.00	九州
335 新刊京本厘正总括天机星学正传	2函10册	2180.00	九州
336 新监七政归垣司台历数袖里璇玑	1函4册	880.00	九州
337 道藏古本紫微斗数	1函2册	480.00	九州
338 增补诸家选择万全玉匣记	1函2册	480.00	九州
339 杨公造命要诀	1函1册	280.00	九州
340 造命宗镜	1函6册	1280.00	九州
341 上清灵宝济度金书符咒大成	2函9册	1980.00	九州
342 青城山铜板祝由十三科	1函2册	480.00	九州
343 抄本祝由科别传	1函1册	280.00	九州
344 遁甲演义	1函2册	480.00	九州
345 武侯奇门遁甲玄机赋	1函1册	280.00	九州
346 北法变化禽书	1函1册	280.00	九州
347 卜筮全书	1函6册	1280.00	九州
348 卜筮正宗	1函4册	880.00	九州
349 易隐	1函4册	880.00	九州
350 野鹤老人占卜全书	1函5册	1280.00	九州
351 地理会心集	1函2册	480.00	九州
352 罗经会心集	1函2册	480.00	九州
353 阳宅会心集	1函1册	280.00	九州

书　　名	作者	定价	版别
354 秘传图注龙经全集	1函3册	680.00	九州
355 地理精微集	1函2册	480.00	九州
356 地理拾铅峦头理气合编	1函2册	480.00	九州
357 萧客真诀	1函1册	280.00	九州
358 地理铁案	1函2册	480.00	九州
359 秘传四神课书仙机消纳水法	1函2册	480.00	九州
360 蒋大鸿先生地理真诠	2函7册	1480.00	九州
361 蒋大鸿仙诀小引	1函1册	280.00	九州
362 管氏地理指蒙	1函1册	280.00	九州
363 原本山洋指迷	1函2册	480.00	九州
364 形家集要	1函1册	280.00	九州
365 重镌地理天机会元	3函15册	3080.00	九州
366 地理方外别传	1函2册	480.00	九州
367 堪舆至秘旅寓集	1函1册	280.00	九州
368 堪舆管见	1函1册	280.00	九州
369 四神秘诀	1函2册	480.00	九州
370 地理辨正补	1函3册	680.00	九州
371 金书秘奥地理一片金合刊	1函1册	280.00	九州
372 阳宅玉髓真经阴宅制煞秘法合刊	1函1册	280.00	九州
373 堪舆至秘旅寓集 堪舆秘传	1函1册	280.00	九州
374 地学杂钞连珠水法合刊	1函1册	280.00	九州
375 黄妙应仙师五星仙机制化砂法	1函2册	480.00	九州
376 造葬便览	1函1册	280.00	九州
377 大六壬秘本	1函2册	480.00	九州
378 太乙统类	1函1册	280.00	九州
379 新雕注疏珞琭子三命消息赋	1函1册	280.00	九州
380 新编四家注解经进珞琭子消息赋	1函2册	480.00	九州
381 清代民间实用灵符汇编	1函2册	680.00	九州
382 王国维批校宋本焦氏易林	1函2册	480.00	九州
383 新刊应验天机易卦通神	1函1册	280.00	九州
384 新镌周易数	1函5册	1080.00	九州
增补四库青乌辑要（全18函59册）	郑同校	11680.00	九州
第1种：宅经（1册）	（署）黄帝撰	180.00	九州
第2种：葬书（1册）	（晋）郭璞撰	220.00	九州
第3种：青囊序青囊奥语天玉经（1册）	（唐）杨筠松撰	220.00	九州
第4种：黄囊经（1册）	（唐）杨筠松撰	220.00	九州
第5种：黑囊经（2册）	（唐）杨筠松撰	380.00	九州
第6种：锦囊经（1册）	（晋）郭璞撰	200.00	九州
第7种：天机贯旨红囊经（2册）	（清）李三素撰	380.00	九州
第8种：玉函天机素书至宝经（1册）	（明）董德彰撰	200.00	九州
第9种：天机一贯（2册）	（清）李三素撰辑	380.00	九州

书　　名	作者	定价	版别
第10种:撼龙经(1册)	(唐)杨筠松撰	200.00	九州
第11种:疑龙经葬法倒杖(1册)	(唐)杨筠松撰	220.00	九州
第12种:疑龙经辨正(1册)	(唐)杨筠松撰	200.00	九州
第13种:寻龙记太华经(1册)	(唐)曾文辿撰	220.00	九州
第14种:宅谱要典(2册)	(清)铣溪野人校	380.00	九州
第15种:阳宅必用(2册)	心灯大师校订	380.00	九州
第16种:阳宅撮要(2册)	(清)吴鼒撰	380.00	九州
第17种:阳宅正宗(1册)	(清)姚承舆撰	200.00	九州
第18种:阳宅指掌(2册)	(清)黄海山人撰	380.00	九州
第19种:相宅新编(1册)	(清)焦循校刊	240.00	九州
第20种:阳宅井明(2册)	(清)邓颖出撰	380.00	九州
第21种:阴宅井明(1册)	(清)邓颖出撰	220.00	九州
第22种:灵城精义(2册)	(南唐)何溥撰	380.00	九州
第23种:龙穴砂水说(1册)	清抄秘本	180.00	九州
第24种:三元水法秘诀(2册)	清抄秘本	380.00	九州
第25种:罗经秘传(2册)	(清)傅禹辑	380.00	九州
第26种:穿山透地真传(2册)	(清)张九仪撰	380.00	九州
第27种:催官篇发微论(2册)	(宋)赖文俊撰	380.00	九州
第28种:入地眼神断要诀(2册)	清抄秘本	380.00	九州
第29种:玄空大卦秘断(1册)	清抄秘本	200.00	九州
第30种:玄空大五行真传口诀(1册)	(明)蒋大鸿等撰	220.00	九州
第31种:杨曾九宫颠倒打劫图说(1册)	(唐)杨筠松撰	200.00	九州
第32种:乌兔经奇验经(1册)	(唐)杨筠松撰	180.00	九州
第33种:挨星考注(1册)	(清)汪董缘订定	260.00	九州
第34种:地理挨星说汇要(1册)	(明)蒋大鸿撰辑	220.00	九州
第35种:地理捷诀(1册)	(清)傅禹辑	200.00	九州
第36种:地理三仙秘旨(1册)	清抄秘本	200.00	九州
第37种:地理三字经(3册)	(清)程思乐撰	580.00	九州
第38种:地理雪心赋注解(2册)	(唐)卜则巍撰	380.00	九州
第39种:蒋公天元余义(1册)	(明)蒋大鸿等撰	220.00	九州
第40种:地理真传秘旨(3册)	(唐)杨筠松撰	580.00	九州
增补四库未收方术汇刊第一辑(全28函)	线装影印本	11800.00	九州
第一辑01函:火珠林·卜筮正宗	(宋)麻衣道者著	340.00	九州
第一辑02函:全本增删卜易·增删卜易真诠	(清)野鹤老人撰	720.00	九州
第一辑03函:渊海子平音义评注·子平真诠·命理易知	(明)杨淙增校	360.00	九州
第一辑04函:滴天髓·附滴天秘诀·穷通宝鉴·附月谈赋	(宋)京图撰	360.00	九州
第一辑05函:参星秘要诹吉便览·玉函斗首三台通书·精校三元总录	(清)俞荣宽撰	460.00	九州
第一辑06函:陈子性藏书	(清)陈应选撰	580.00	九州
第一辑07函:崇正辟谬永吉通书·选择求真	(清)李奉来辑	500.00	九州

书　　名	作者	定价	版别
第一辑08函:增补选择通书玉匣记·永宁通书	(晋)许逊撰	400.00	九州
第一辑09函:新增阳宅爱众篇	(清)张觉正撰	480.00	九州
第一辑10函:地理四弹子·地理铅弹子砂水要诀	(清)张九仪注	340.00	九州
第一辑11函:地理五诀	(清)赵九峰著	200.00	九州
第一辑12函:地理直指原真	(清)释如玉撰	280.00	九州
第一辑13函:宫藏真本入地眼全书	(宋)释静道著	680.00	九州
第一辑14函:罗经顶门针·罗经解定·罗经透解	(明)徐之镆撰	360.00	九州
第一辑15函:校正详图青囊经·平砂玉尺经·地理辨正疏	(清)王宗臣著	300.00	九州
第一辑16函:一贯堪舆	(明)唐世友辑	240.00	九州
第一辑17函:阳宅大全·阳宅十书	(明)一壑居士集	600.00	九州
第一辑18函:阳宅大成五种	(清)魏青江撰	600.00	九州
第一辑19函:奇门五总龟·奇门遁甲统宗大全·奇门遁甲元灵经	(明)池纪撰	500.00	九州
第一辑20函:奇门遁甲秘笈全书	(明)刘伯温辑	280.00	九州
第一辑21函:奇门庐中阐秘	(汉)诸葛武侯撰	600.00	九州
第一辑22函:奇门遁甲元机太乙秘书六壬大占	(宋)岳珂纂辑	360.00	九州
第一辑23函:性命圭旨	(明)尹真人撰	480.00	九州
第一辑24函:紫微斗数全书	(宋)陈抟撰	200.00	九州
第一辑25函:千镇百镇桃花镇	(清)云石道人校	220.00	九州
第一辑26函:清抄真本祝由科秘诀全书·轩辕碑记医学祝由十三科	(上古)黄帝传	800.00	九州
第一辑27函:增补秘传万法归宗	(唐)李淳风撰	160.00	九州
第一辑28函:神机灵数一掌经金钱课·牙牌神数七种·珍本演禽三世相法	(清)诚文信校	440.00	九州
增补四库未收方术汇刊第二辑(全36函)	线装影印本	13800.00	九州
第二辑第1函:六爻断易一撮金·卜易秘诀海底眼	(宋)邵雍撰	200.00	九州
第二辑第2函:秘传子平渊源	燕山郑同校辑	280.00	九州
第二辑第3函:命理探原	(清)袁树珊撰	280.00	九州
第二辑第4函:命理正宗	(明)张楠撰集	180.00	九州
第二辑第5函:造化玄钥	庄圆校补	220.00	九州
第二辑第6函:命理寻源·子平管见	(清)徐乐吾撰	280.00	九州
第二辑第7函:京本风鉴相法	(明)回阳子校辑	380.00	九州
第二辑第8-9函:钦定协纪辨方书8册	(清)允禄编	780.00	九州
第二辑第10-11函:鳌头通书10册	(明)熊宗立撰辑	880.00	九州
第二辑第12-13函:象吉通书	(清)魏明远撰辑	1080.00	九州
第二辑第14函:选择宗镜·选择纪要	(朝鲜)南秉吉撰	360.00	九州
第二辑第15函:选择正宗	(清)顾宗秀撰辑	480.00	九州
第二辑第16函:仪度六壬选日要诀	(清)张九仪撰	680.00	九州
第二辑第17函:葬事择日法	郑同校辑	280.00	九州
第二辑第18函:地理不求人	(清)吴明初撰辑	240.00	九州
第二辑第19函:地理大成一:山法全书	(清)叶九升撰	680.00	九州

书名	作者	定价	版别
第二辑第20函:地理大成二:平阳全书	(清)叶九升撰	360.00	九州
第二辑第21函:地理大成三:地理六经注·地理大成四:罗经指南拔雾集·地理大成五:理气四诀	(清)叶九升撰	300.00	九州
第二辑第22函:地理录要	(明)蒋大鸿撰	480.00	九州
第二辑第23函:地理人子须知	(明)徐善继撰	480.00	九州
第二辑第24函:地理四秘全书	(清)尹一勺撰	380.00	九州
第二辑第25-26函:地理天机会元	(明)顾陵冈辑	1080.00	九州
第二辑第27函:地理正宗	(清)蒋宗城校订	280.00	九州
第二辑第28函:全图鲁班经	(明)午荣编	280.00	九州
第二辑第29函:秘传水龙经	(明)蒋大鸿撰	480.00	九州
第二辑第30函:阳宅集成	(清)姚廷銮纂	480.00	九州
第二辑第31函:阴宅集要	(清)姚廷銮纂	240.00	九州
第二辑第32函:辰州符咒大全	(清)觉玄子辑	480.00	九州
第二辑第33函:三元镇宅灵符秘箓·太上洞玄祛病灵符全书	(明)张宇初编	240.00	九州
第二辑第34函:太上混元祈福解灾三部神符	(明)张宇初编	360.00	九州
第二辑第35函:测字秘牒·先天易数·冲天易数/马前课	(清)程省撰	360.00	九州
第二辑第36函:秘传紫微	古朝鲜抄本	240.00	九州
子部善本1:新刊地理玄珠	精装古本影印	380.00	华龄
子部善本2:参赞玄机地理仙婆集	精装古本影印	380.00	华龄
子部善本3:章仲山地理九种(上下)	精装古本影印	760.00	华龄
子部善本4:八门九星阴阳二遁全本奇门断	精装古本影印	760.00	华龄
子部善本5:六壬统宗大全	精装古本影印	380.00	华龄
子部善本6:太乙统宗宝鉴	精装古本影印	380.00	华龄
子部善本7:重刊星海词林(全五册)	精装古本影印	1900.00	华龄
子部善本8:万历初刻三命通会(上下)	精装古本影印	760.00	华龄
子部善本9:增广沈氏玄空学(上下)	精装古本影印	760.00	华龄
子部善本10:江公择日秘稿	精装古本影印	380.00	华龄
子部善本11:刘氏家藏阐微通书(上下)	精装古本影印	760.00	华龄
子部善本12:影印增补高岛易断(上下)	精装古本影印	760.00	华龄
子部善本13:清刻足本铁板神数	精装古本影印	380.00	华龄
子部善本14:增订天官五星集腋(上下)	精装古本影印	760.00	华龄
子部善本15:太乙奇门六壬兵备统宗(上中下)	精装古本影印	1140.00	华龄
子部善本16:御定景祐奇门大全(上)	精装古本影印	760.00	华龄
子部善本17:地理四秘全书十二种	精装古本影印	380.00	华龄
子部善本18:全本地理统一全书	精装古本影印	380.00	华龄
子部善本19:廖公画策扒砂经(上下)	精装古本影印	760.00	华龄
子部善本20:明刊玉髓真经(上下)	精装古本影印	760.00	华龄
子部善本21:蒋大鸿家藏地学捷旨	精装古本影印	380.00	华龄
子部善本22:阳宅安居金镜(上下)	精装古本影印	760.00	华龄
子部善本23:新刊地理紫囊书(上下)	精装古本影印	760.00	华龄

书　　名	作者	定价	版别
子部善本24:地理大成五种(上下)	精装古本影印	760.00	华龄
子部善本25:初刻鳌头通书大全(上中下)	精装古本影印	1140.00	华龄
子部善本26:初刻象吉备要通书大全(上中下)	精装古本影印	1140.00	华龄
子部善本27:武英殿板钦定协纪辨方书(上下)	精装古本影印	760.00	华龄
子部善本28:初刻陈子性藏书(上下)	精装古本影印	760.00	华龄
风水择吉第一书:辨方(简体精装)	李明清著	168.00	华龄
珞琭子三命消息赋古注通疏(精装上下)	一明注疏	188.00	华龄
增补高岛易断(简体横排精装上下)	(清)王治本编译	198.00	华龄
白话高岛易断(上下)	孙正治孙奥麟译	128.00	九州
中国古代术数基础理论(精装1函5册)	刘昌易著	495.00	团结
飞盘奇门:鸣法体系校释(精装上下)	刘金亮撰	198.00	九州
周易辞海	郭文友编著	128.00	巴蜀
增广沈氏玄空学(纪念版)	宋政隆校正	200.00	巴蜀
润德堂丛书全编1:述卜筮星相学	袁树珊著	38.00	华龄
润德堂丛书全编2:命理探原	袁树珊著	38.00	华龄
润德堂丛书全编3:命谱	袁树珊著	68.00	华龄
润德堂丛书全编4:大六壬探原 养生三要	袁树珊著	38.00	华龄
润德堂丛书全编5:中西相人探原	袁树珊著	38.00	华龄
润德堂丛书全编6:选吉探原 八字万年历	袁树珊著	38.00	华龄
润德堂丛书全编7:中国历代卜人传(上中下)	袁树珊著	168.00	华龄
三式汇刊1:大六壬口诀纂	(明)林昌长辑	68.00	华龄
三式汇刊2:大六壬集应钤	(明)黄宾廷撰	198.00	华龄
三式汇刊3:奇门大全秘纂	(清)湖海居士撰	68.00	华龄
三式汇刊4:大六壬总归	(宋)郭子晟撰	58.00	华龄
三式汇刊5:大六壬心镜	(唐)徐道符辑	48.00	华龄
三式汇刊6:壬窍	(清)无无野人撰	48.00	华龄
青囊汇刊1:青囊秘要	(晋)郭璞等撰	48.00	华龄
青囊汇刊2:青囊海角经	(晋)郭璞等撰	48.00	华龄
青囊汇刊3:阳宅十书	(明)王君荣撰	48.00	华龄
青囊汇刊4:秘传水龙经	(明)蒋大鸿撰	68.00	华龄
青囊汇刊5:管氏地理指蒙	(三国)管辂撰	48.00	华龄
青囊汇刊6:地理山洋指迷	(明)周景一撰	32.00	华龄
青囊汇刊7:地学答问	(清)魏清江撰	58.00	华龄
青囊汇刊8:地理铅弹子砂水要诀	(清)张九仪撰	68.00	华龄
青囊汇刊9:地理啖蔗录	(清)袁守定著	48.00	华龄
青囊汇刊10:八宅明镜	(清)箬冠道人编	48.00	华龄
青囊汇刊11:罗经透解	(清)王道亨著	58.00	华龄
青囊汇刊12:阳宅三要	(清)赵玉材撰	48.00	华龄
青囊汇刊13:一贯堪舆(上下)	(明)唐世友辑	108.00	华龄
青囊汇刊14:地理辨证图诀直解	(唐)杨筠松著	58.00	华龄
青囊汇刊15:地理雪心赋集解	(唐)卜应天著	58.00	华龄

书　　名	作者	定价	版别
青囊汇刊16:四神秘诀	(元)董德彰撰	58.00	华龄
子平汇刊1:渊海子平大全	(宋)徐子平撰	48.00	华龄
子平汇刊2:秘本子平真诠	(清)沈孝瞻撰	38.00	华龄
子平汇刊3:命理金鉴	(清)志于道撰	38.00	华龄
子平汇刊4:秘授滴天髓阐微	(清)任铁樵注	48.00	华龄
子平汇刊5:穷通宝鉴评注	(清)徐乐吾注	48.00	华龄
子平汇刊6:神峰通考命理正宗	(明)张楠撰	38.00	华龄
子平汇刊7:新校命理探原	(清)袁树珊撰	48.00	华龄
子平汇刊8:重校绘图袁氏命谱	(清)袁树珊撰	68.00	华龄
子平汇刊9:增广汇校三命通会(全三册)	(明)万民英撰	168.00	华龄
纳甲汇刊1:校正全本增删卜易	郑同点校	68.00	华龄
纳甲汇刊2:校正全本卜筮正宗	郑同点校	48.00	华龄
纳甲汇刊3:校正全本易隐	郑同点校	48.00	华龄
纳甲汇刊4:校正全本易冒	郑同点校	48.00	华龄
纳甲汇刊5:校正全本易林补遗	郑同点校	38.00	华龄
纳甲汇刊6:校正全本卜筮全书	郑同点校	68.00	华龄
纳甲汇刊7:火珠林注疏	刘恒注解	48.00	华龄
古今图书集成术数丛刊:卜筮(全二册)	(清)陈梦雷辑	80.00	华龄
古今图书集成术数丛刊:堪舆(全二册)	(清)陈梦雷辑	120.00	华龄
古今图书集成术数丛刊:相术(全一册)	(清)陈梦雷辑	60.00	华龄
古今图书集成术数丛刊:选择(全一册)	(清)陈梦雷辑	50.00	华龄
古今图书集成术数丛刊:星命(全三册)	(清)陈梦雷辑	180.00	华龄
古今图书集成术数丛刊:术数(全三册)	(清)陈梦雷辑	200.00	华龄
四库全书术数初集(全四册)	郑同点校	200.00	华龄
四库全书术数二集(全三册)	郑同点校	150.00	华龄
四库全书术数三集:钦定协纪辨方书(全二册)	郑同点校	98.00	华龄
增广沈氏玄空学	郑同点校	68.00	华龄
地理点穴撼龙经	郑同点校	32.00	华龄
绘图地理人子须知(上下)	郑同点校	78.00	华龄
玉函通秘	郑同点校	48.00	华龄
绘图入地眼全书	郑同点校	28.00	华龄
绘图地理五诀	郑同点校	48.00	华龄
一本书弄懂风水	郑同著	48.00	华龄
风水罗盘全解	傅洪光著	58.00	华龄
堪舆精论	胡一鸣著	29.80	华龄
堪舆的秘密	宝通著	36.00	华龄
中国风水学初探	曾涌哲	58.00	华龄
全息太乙(修订版)	李德润著	68.00	华龄
时空太乙(修订版)	李德润著	68.00	华龄
故宫珍本六壬三书(上下)	张越点校	128.00	华龄

书　　　名	作者	定价	版别
大六壬通解（全三册）	叶飘然著	168.00	华龄
壬占汇选（精抄历代六壬占验汇选）	肖岱宗点校	48.00	华龄
大六壬指南	郑同点校	28.00	华龄
六壬金口诀指玄	郑同点校	28.00	华龄
大六壬寻源编（全三册）	（清）周螭辑录	180.00	华龄
六壬辨疑　毕法案录	郑同点校	32.00	华龄
大六壬断案疏证	刘科乐著	58.00	华龄
六壬时空	刘科乐著	68.00	华龄
御定奇门宝鉴	郑同点校	58.00	华龄
御定奇门阳遁九局	郑同点校	78.00	华龄
御定奇门阴遁九局	郑同点校	78.00	华龄
奇门秘占合编：奇门庐中阐秘·四季开门	（汉）诸葛亮撰	68.00	华龄
奇门探索录	郑同编订	38.00	华龄
奇门遁甲秘笈大全	郑同点校	48.00	华龄
奇门旨归	郑同点校	48.00	华龄
奇门法窍	（清）锡孟樨撰	48.00	华龄
奇门精粹——奇门遁甲典籍大全	郑同点校	68.00	华龄
御定子平	郑同点校	48.00	华龄
增补星平会海全书	郑同点校	68.00	华龄
五行精纪：命理通考五行渊微	郑同点校	38.00	华龄
绘图三元总录	郑同编校	48.00	华龄
绘图全本玉匣记	郑同编校	32.00	华龄
周易初步：易学基础知识36讲	张绍金著	32.00	华龄
周易与中医养生：医易心法	成铁智著	32.00	华龄
增广梅花易数（精装）	刘恒注	98.00	华龄
梅花心易阐微	（清）杨体仁撰	48.00	华龄
梅花心易疏证	杨波著	48.00	华龄
梅花易数讲义	郑同著	58.00	华龄
白话梅花易数	郑同编著	30.00	华龄
梅花周易数全集	郑同点校	58.00	华龄
梅花易数	（宋）邵雍撰	28.00	九州
梅花易数（大字本）	（宋）邵雍撰	39.00	九州
河洛理数	（宋）邵雍述	48.00	九州
易数钩隐图　大易象数钩深图	（宋）刘牧　撰	58.00	九州
周易正义	（魏）王弼注	78.00	九州
周易本义	（宋）朱熹　撰	68.00	九州
周易集注：易经来注图解（上下）	（明）来知德　撰	88.00	九州
周易禅解	（明）释智旭　撰	58.00	九州
周易尚氏学（上下）	（清）尚秉和著	78.00	九州
船山易学集成（上下）	（清）王夫之著	158.00	九州

书　　名	作者	定价	版别
一本书读懂易经	郑同著	38.00	华龄
白话易经	郑同编著	38.00	华龄
知易术数学:开启术数之门	赵知易著	48.00	华龄
术数入门——奇门遁甲与京氏易学	王居恭著	48.00	华龄
周易虞氏义笺订(上下)	(清)李翊灼校订	78.00	九州
阴阳五要奇书	(晋)郭璞撰	88.00	九州
中国风水史	傅洪光撰	32.00	九州
古本催官篇集注	李佳明校注	48.00	九州
鲁班经讲义	傅洪光著	48.00	九州
天星姓名学	侯景波著	38.00	燕山
解梦书	郑同、傅洪光著	58.00	燕山
命理精论(精装繁体竖排)	胡一鸣著	128.00	燕山
辨方(繁体横排)	张明清著	236.00	星易
古易旁通	刘子扬著	320.00	星易
四柱预测机缄通	明理著	300.00	星易
奇门万年历	刘恒著	58.00	资料
校正增删卜易	(清)野鹤老人著	120.00	影印

周易书斋是国内最大的提供易学术数类图书邮购服务的专业书店，成立于2001年，现有易学及术数类图书现货6000余种，在海内外易学研究者中有着巨大的影响力。

1、学易斋官方旗舰店网址：xyz888.jd.com　微信号：xyz15116975533
2、联系人：王兰梅　电话：15652026606，15116975533
3、邮购费用固定，不论册数多少，每单收费7元。
4、银行汇款：户名：**王兰梅**。
　　邮政：601006359200109796　农行：6228480010308994218
　　工行：0200299001020728724　建行：1100579980130074603
　　交行：6222600910053875983　支付宝：13716780854
5、QQ：(周易书斋2) 2839202242 (QQ群：周易书斋书友会) 140125362。

北京周易书斋敬启